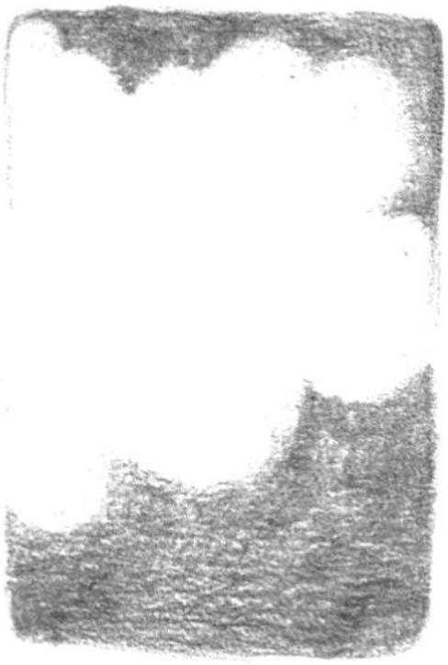

放慢 放鬆 放下

—看見自己
—接納自己
—疼愛自己

台中慈濟醫院精神科主治醫師
吳珍松・黎人瑋・鄭存琪◎著
林碧華◎繪圖

〔專文推薦 一〕

自己就是最好的治療師

◎陳登義

對我而言，鄭存琪醫師是年輕一代精神科醫師裡很特殊的一位。從他在擔任住院醫師的期間，我就感受到他的不同：講話輕柔，不急不徐，做起事來簡潔明快，待人處世溫文有禮，喜歡心理治療，甚至本身也修習藏傳佛法，對榮格心理學、超個人心理學都有興趣，聽他說要出書了，我很榮幸得以先睹為快！

這本書從壓力調適談到自我探索，不需要什麼理論，而是直接的實務操作與親身體驗；有圖畫物料做為工具，又有如詩般雋永短句輕聲叮嚀；出入內外、動靜之間，隨手拈來，都是美妙心靈、巧妙心思的呈現，讓人看了愛不釋手。

在現代文明的催促下，人們已很少有時間去欣賞生命的歷程與生活的本質，隨著步伐的加快，更難得有停下來的機會去看看周遭大自然的歡喜自在。其實我們是可以活得更簡單的！尤其當我們體悟了生滅無常的現象後，心更放鬆了、平靜了，還有什麼不能放下呢！我尤其喜歡第六章透過書寫及藝術治療所進行的自我探索與全然接納，誰說壓力的調適一定要透過旁人的引導或者治療呢？原來自己就可以是自己最好的治療師，只要你願意來一趟自我探索，你就可以和真實自我相遇，讓光照亮了你，讓陰影逐漸消散。你——要不要試試看？

（本文作者為台中靜和醫院院長）

〔專文推薦 二〕

以曼陀羅迎接新的一天

◎呂素貞

收到存琪這本手稿時，正值莫拉克颱風重創南台灣，災民所爆發的強烈情緒已似另一波更可怕的土石流滾滾而來，雖舉國動員全力協助災民居所的重建，然而，災後心理創傷的修復更是刻不容緩，否則難以達到實質上的身心安頓。

事實上，以目前全球金融風暴，災難頻傳，人心特別浮躁激盪之際，每個人都需要找到屬於自己的舒壓與身心調適的方法，因此，特別欣見由精神科醫師所撰寫的心靈書籍的出版，存琪這本《放慢．放鬆．放下》不只圖文並茂，讀來清新簡潔，更搭配了由作者本人柔和溫暖的聲音所錄製的冥想CD，其可貴之處是在於書中簡單易行的方法確能落實，方便讀者自行運用而不必假手他人。

因為，大道理人人會說，殊不知急於以語言去勸慰他人，例如：「不要想那麼多，要勇敢，活著就要感恩，比起罹難者你幸運多了……。」這種語言的空泛與殺傷力往往帶來反效果，知易行難的勸慰只會為受苦者帶來更大的壓力。其實，助人者最需要的是準備好自己的那顆心；安靜傾聽的心，才有可能真正做到同理陪伴支持與協助他人。

本書深入淺出，值得讀者細細品味，但，更重要的是要能做到「起而行」。

作者提到人人可玩的藝術活動時，介紹了「曼陀羅」。事實上，這亦是身為藝術治療師的我，每天都不可少的靜心活動。

每天早上我都會在窗邊的書桌前坐下來，在淡淡晨曦中，點上精油，放首音樂，以一個「曼陀羅」迎接新的一天，畫著這象徵生命的起承轉合卻又無始無終的圓，為自己揭開這一天的序幕。

記得有一次我正徘徊於某個抉擇之間，揹負著極為沉重的壓力，那天早晨，當我坐下來照例先緩緩畫圓，畫著畫著，圓內出現了一個人揹著背包走著一條漫漫長路，邊走還邊回頭瀟灑的揮著手，我對畫畫的自己說：「是了！就勇敢向前走吧！上帝不會給人承受不起的重擔！」

於是，慢慢的我心安靜下來，愈畫愈篤定，完成後的瞬間還頗為滿意這幅畫，當下提起筆來，理所當然的要給這幅畫一個題目，就叫做「上帝不會給人承受不起的重擔」吧！想不到，下筆時突然幾個字活生生跳了出來，而我的筆不由自主地寫下另外四個字：「一路捨去！」

一路捨去？這四個字深深撼動了我！這四個字「一路捨去」到底是從何處冒出來的呢？我無從得知！當它盤旋在我的腦海裡時，我卻立時有了頓悟：「是啊！並非上帝要人死命的背著重擔，而是人自己不肯捨去！當人以為是神給的就只有被動的承受時，會看不見：其實是自己不肯捨才讓行囊變得如此沉重的！」

這頓悟令人有一種說不出的讚歎！曼陀羅確能幫助人明心見性，從而看見了人的自由意志，做出及時放下的抉擇，此時的心情頓時變得無比輕快，實非筆墨所能形容！

藉此個人的體悟以印證書中所言不虛，更鼓勵大眾都來動手嘗試創作吧！行動就會帶來力量，而生活本身即是一門藝術！

（本文作者為專業藝術治療師）

〔緣　起〕

找回放鬆的本能

◎鄭存琪

因為個人的個性、興趣、人生經驗與緣分，我常遇到的服務對象，是有所謂精神官能症（俗稱：腦神經衰弱、自律神經失調）的個案，也就是因一部分體質與一部分個性和壓力因素，造成輕型憂鬱症、焦慮症、失眠的人們。他們的共同經驗之一，就是容易感受到壓力、緊張與焦慮，而在這種緊張的狀態下，常希望能趕快完成工作，才有放鬆的感覺；他們對於挫折、額外的工作或生活變化，通常耐受性不高，所以表象上看起來容易煩躁、生氣。

有這些困擾而無法調適、影響到生活功能的人很多，很容易在自己或生活周遭的親友身上，發現有這些現象。事實上，精神官能症的盛行率是：至少百分之二十五，即每四個人就有一個，而且因為生活步調快、壓力大、找不到人生意義，它的盛行率還在繼續增加中，它是現代社會文明的代價。

當然，生活上不可能沒有壓力，適度的壓力也是成長的動力，而且，「壓力」的認定，是相當主觀的，它牽涉到很多過去成長經驗、個性、認知、情緒處理經驗的影響，例如：內在沒有自信、把內在恐懼投射到外境、擔心被他人指責或評論、習慣依賴或討好他人、把生活價值放在無法把握的他人身上（如：小孩）、完美主義、總是無法達到自我的要求、理想與現實的落差太大、不清楚優先順序與取捨之道、缺少彈性與策略、想掌控但無法掌控，或外在實質的外在壓力（如：負債、經濟問題）等因素，都可能是容易緊張、焦慮的原因之一。

所以，壓力調適的過程，其實便是內在的自我探索之旅。從抒解壓力，到增加自我覺察，了解與接納自己的特質，探索自己的人生意義，在不斷地了解、接納自己中，深化並整合自己，善用內在的資源，活出個人的獨特性，並與他人和平共處，穿越表象，欣賞、感謝與享受生命的豐足，與生命共舞。在這個旅程中，完整自己的生命。這也許是我們這輩子前來的目的。

在這個壓力調適與自我探索的學習過程，我體驗了許多方法，後來選擇了這一些覺得適用於自己與一般大眾的方法，並且反覆練習、運用。經驗告訴我，方法其實並不需要很多，只要這些方法能有效地抒壓、具有自我了解的開展性與深度，對於生命，都具有很多啟發性的。這就是這本書出版的緣由，希望與大家分享這些方法與經驗。

此外，這本書有一些特色：

1. 在壓力大時，沒有耐心去看許多文字的書籍，反而像是繪本、漫畫之類的圖畫書，比較能在壓力大時被使用到，因此本書希望運用圖畫、音樂與柔軟、少少的文字，來建構一個輕鬆的場域，讓我們一方面看書抒壓，一方面給予簡單的認知概念。
2. 以第一人稱的方式敘述，讓這些內容像是自己已知、但暫時遺忘的東西，讓我們容易進入與接納這個輕鬆的場域。也希望能把複雜的心理學理論化為簡單、親切、好用的方法，讓自己方便使用。

3. 利用「太極」的觀念，了解壓力調適的兩大方向：掌握與放下，並且學習融合這兩個概念，成為一個完整的生命觀。

4. 透過澄清生命的疑惑與意義的探索，來增加自我支持的內在力量。利用重塑與體驗苦難的意義，讓我們對壓力有新的概念，能夠善用生命所給予自己的功課與挑戰。

5. 利用感官的力量，如：呼吸、覺察身體感受，觀看天空、想像舒服的畫面、聽音樂，讓自己將注意力，從擔心未來或追悔過去的思緒中，收回到當下，並且達到放鬆。

6. 利用增進身體覺察、漸進式肌肉放鬆、自我暗示或催眠，幫助自己放鬆與自我鼓勵，並且學習利用文字所蘊含的正向力量，運用認知來調適壓力。

7. 利用冥想的力量來抒壓，並且祝福自己、祝福世界。

8. 提供一些自我探索的自助方法。例如：

・寫日記，透過覺察自己的優缺點、或常遇見的困境，來了解自己的特質、對外界常用的認知模式與防衛方式。

・藝術治療中的繪畫、曼陀羅，來做情緒抒發、深入潛意識自我了解、找到核心意義的媒介。

・沙畫，貼近「生命終將死亡、無法執取」的真相，來減少「執著、不肯放手」所造成的痛苦。

・靜坐，來觀看、欣賞內心思緒的起伏變化，慢慢地，會發現想法、情緒並不是自己想像地那麼堅實、一定，對於自己與生活的表象，便可能有穿越性的了解與體悟，情緒與衝動的影響會慢慢降低，對自己的掌握會慢慢增加。在掌握的同時，也放下執取。

在這段仍在繼續的心靈探索之旅中，要感恩所有曾經啟發與引導我的老師，尤其是圖敦梭巴仁波切、羅桑丹巴格西、詠給明就仁波切、貝諾法王、噶千仁波切、證嚴上人、藍先元醫師、陳登義醫師、呂素貞老師、吳文傑老師以及好友廖建智。此外，感謝吳珍松、黎人瑋與林碧華三位夥伴，不僅提供了美妙的圖畫，也在這一年中不辭奔波之苦，一起參與此書的製作。感謝台中慈濟醫院公傳室的同仁，尤其是謝明錦、賴廷翰、江柏緯、簡伶潔，為協助出版此書的無私奉獻。

〔自序〕

回歸自然放鬆、平衡的天性

◎鄭存琪

和許多人一樣，我也是個容易緊張、自我要求高的人，尋找能夠放鬆、調適壓力的方法，讓自己能在高壓的工作下，繼續走下去，是我長久以來的課題，畢竟，琴弦緊久了，容易斷，也會失去彈性。經過許多年的學習、經驗與體會才發現，放鬆，是每一個人與生俱有的本能。不需要特別做什麼，我們自然會放鬆。

也許，真正困難的，不是無法放鬆，而是不需要特別做什麼。當我們想做一件事時，身心會呈現一定程度的緊張，當「學習放鬆」成為有目的的事情時，身心同樣會緊張，想要在「學習放鬆」時，自然的放鬆，最大的訣竅，就是「做而不求」，身心會自然地帶我們到它最安適、平衡的狀態。在放鬆、放下的過程中，我們可能會懷疑、會掙扎，如果不呈現熟悉的備戰狀態，事情怎麼可能做好？這是我們的習性，卻也是自我了解的契機！

看看自己心中有哪些想法、哪些假設，讓我無法放鬆、放慢、放下。隨著慢慢地看見，身心也會慢慢地開闊、柔軟。

希望這本輕鬆的圖文書，能夠陪伴我們，回到內心本來放鬆、自在、平衡、滋養的家。

目錄

part I

靜下心來，為自己祝福。

part 5

實作篇

part 6

自我探索與全然接納

概念篇

part I

祈願祝福

靜下心來，為自己祝福。

祈願我的心靈
平安、喜悅、充滿活力。

更能慈愛自己、
慈愛他人。

更有智慧，
能夠分辨，
何者是需要承擔的，
何者是需要放下的。

祈願我擁有勇氣與毅力，
承擔需要承擔的事。

願我能夠更加開闊、寬廣與自由，
放下需要放下的事。

願我更有自信，
更能寬容。

能夠接納生命旅程中
所發生的一切，
並且將它們轉化成
學習、成長的機會。

幸福小語

時常靜下心來，以正向的力量，為自己祈願祝福，
將想要的心願或特質，向自己說出來，
生命便可能慢慢地朝向自己想走的方向發展。

概念篇

part 2

壓力與調適

壓力是生命中的常態，
讓壓力轉化為豐富生命、
成長的動力。

真實：變動與調適

生命的特性之一，
就是變動，
然而，在身心變動的過程中，
我受苦、困擾。

在變動中，
我踩著蹺蹺板，
嘗試著平衡，
生命因此增添色彩，
我也隨之成長。

適當的緊張焦慮，
讓我發現自己的潛能；
但壓力過大、過久，我會受不了，
煩躁、沒有耐心，
似乎是跟自己求救的訊號，
也是自我保護的方法，
讓壓力不再增加。

變動造成了許多壓力，
我總是期待，
能夠過著單純、平靜、穩定的生活；
但是，單純的生活久了，又顯得單調、無聊，
又讓我想去尋求外在的刺激、變化。

即使什麼事都不做，
好像也會有另一種深層的焦慮，
腦子裡胡思亂想，追悔過去，擔心未來，
心裡充滿著負面情緒，
也無法處理任何事情。

其實，
眞實的情境或許
沒有像想像中那麼可怕。

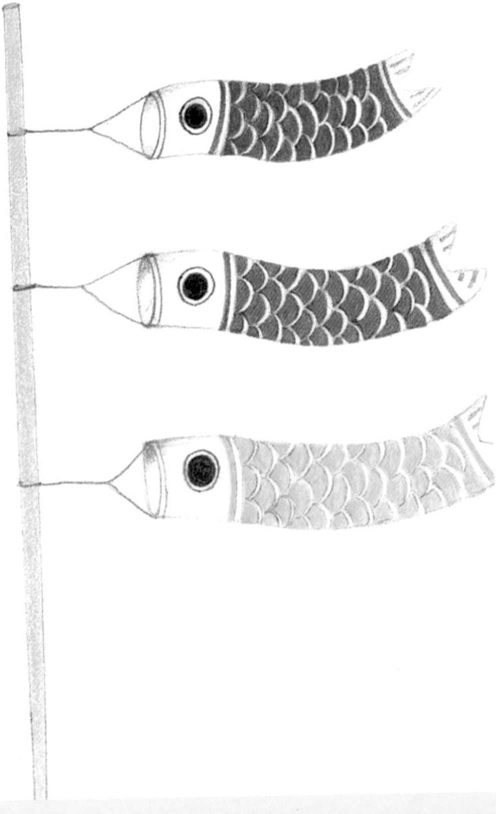

當我專注在當下時，
做著自己可以做的事，
緊張的感覺減少了，
生活好像也因此
變得眞實而單純許多。

由於，精神與體力都有一定的限度，
不同型態的壓力，會有不同的處理方式。

像是田徑比賽，跑百米與跑馬拉松的速度不同，
需要處理緊急的事情時，衝刺般的努力，
無法維持太長的時間與距離，
過程中需要短暫、適度的休息；
如果是長期的壓力，需要有長跑的耐力，
生活的步調與節奏要慢一些，
才能跑完全程。

「鬆」的能力，決定「衝」的距離。

鬆、緊、鬆、緊的調節，
正如呼氣、吸氣一般，
才能讓路走得更遠。

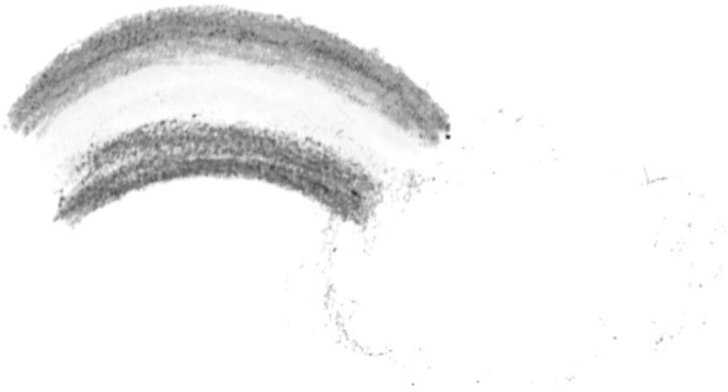

專注久了，身心都會緊張、疲累，
看看天空吧！
遠望天際，讓心開闊、寬廣，
我發現自己更放鬆了！

按部就班，築夢踏實

當我想要一勞永逸、
一步登天時，
理想與現實的落差，
讓我緊張、害怕，
不知從何處下手，
也不想開始。

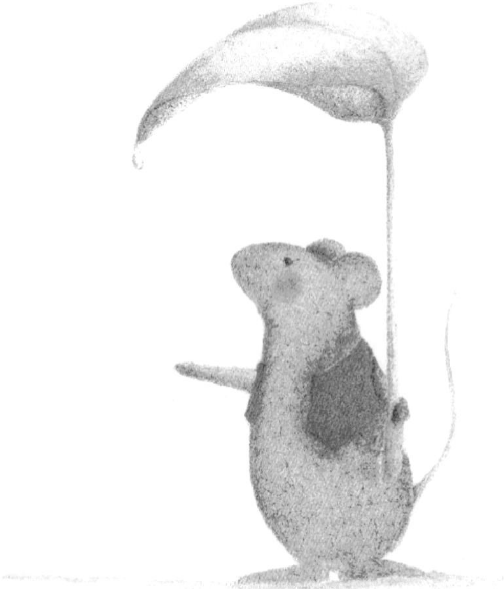

如果排訂了遠程、中程、近程的可行計畫，
只把注意力放在每天可達到的目標上，
每天都給自己一些鼓勵與肯定，
我便能按部就班、築夢踏實，
也能享受過程中，
酸甜苦辣，各種滋味。

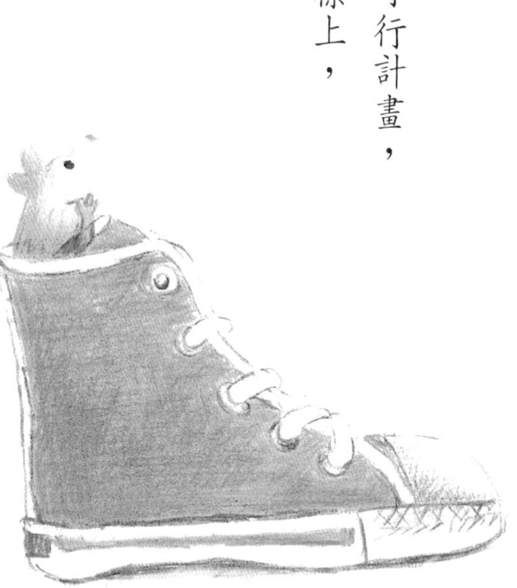

珍惜擁有

我覺得自己什麼都不會，
總是欠缺許多東西。
看著自己所沒有的東西或特質時，
我感到緊張、焦慮、挫敗、害怕。

可是，
如果我什麼都不會、什麼都沒有，
卻能夠活到現在，
難道是奇蹟嗎？
還是我不了解自己？

也許，我可以看看：
我擁有哪些內在特質與外在資源呢？

DREAM

我發現，生活中眞正「需要」的，
其實並不多，
是「想要」太多，讓我困擾。

當我把目光放在我所擁有的事物，
讓生活單純一些，
內心便覺得平靜許多，
生活的步伐變慢，
眼前的景色也變得豐富，
對於周遭，
也多了一分珍惜與感恩的心。

接納

當我抗拒、逃避生命中的一些
情境、無奈與變化時，
害怕、恐懼、焦慮、悔恨，
似乎也常隨之而來。

當我試著面對自己，
接納生命中所發生的一切，
情緒似乎減少許多，
內心也變得平靜。
我反而能夠放慢、放鬆、放下。

選擇，並學習拒絕

即使接納生命，
在我的體力與時間有限的情形下，
我依然需要做選擇。

選擇，包含著兩個過程：
一是答應、承諾，二是拒絕、放下，

我發現，自己在人際互動上，
常常答應得太快，卻又事後懊悔，
因爲，我不敢、也不知道如何拒絕別人！

我總是擔心，
如果我拒絕別人，會不會得罪他們，會不會破壞關係？
可是，答應了，我又好累、好苦，
每次看到他們都有壓力，更不想和他們聯繫、相處。
眞的好矛盾喔！

如果，我把「人」與「事」分開看，
把個人能力的極限，當作「事」來溝通，
與大家仍然維持著
「人」與「人」之間的關係來互動，
這樣我就比較不會擔心「拒絕別人」這件事情，
與他們的相處，也就更自在、快樂了！

無求

把事情的成果，當作是評論自己價值的工具，
讓我做起事來，壓力好大，害怕出錯、被罵、被看不起。

我想，如果我把每一件事情都做到完美，
也許別人就不會指責我、批評我，
我也能夠得到所有人的讚賞與看重。

可是，每個人對事情都有他的意見，
不見得認同我的看法，
我費盡心血、努力地符合別人的要求，
只是讓我又累、又緊張。
想要每件事都盡如人意，
這根本是一件辦不到的事情啊！

如果，我把「自己的價值」
與「事」分開看：

我是一個完整而獨特的人，
在生命歷程中學習；

在事情上，我盡力完成，
即使事情做錯、失敗、挫折，
都有它的意義與價值，
能讓我學習到新的事物與處理方法，
讓我更深入地了解自己，
更有自信，也更能放下。

「做」而「無求」，
當我愈能放下，
便愈能自在，
當我自在了，
周遭的事物也跟著圓滿了！

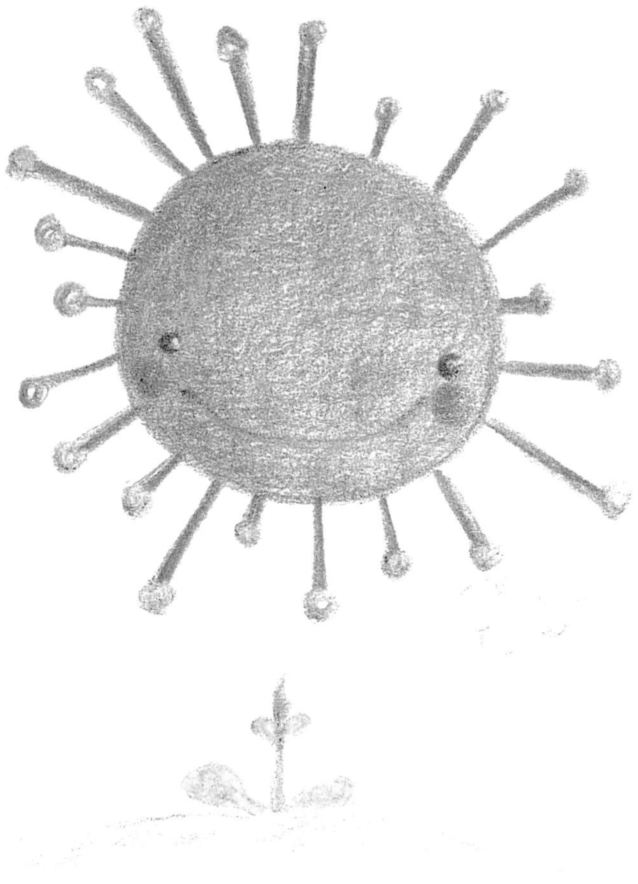

疼愛自己

我想和每一個人好好相處、
讓他們都能喜歡我，
我忽略自己的需求，配合別人，
希望他們開心，
可是，一味地迎合、討好別人，
我覺得好累喔！
我也常覺得不公平，
爲什麼他們沒有看到我爲他們所做的？
爲什麼他們不爲我著想呢？

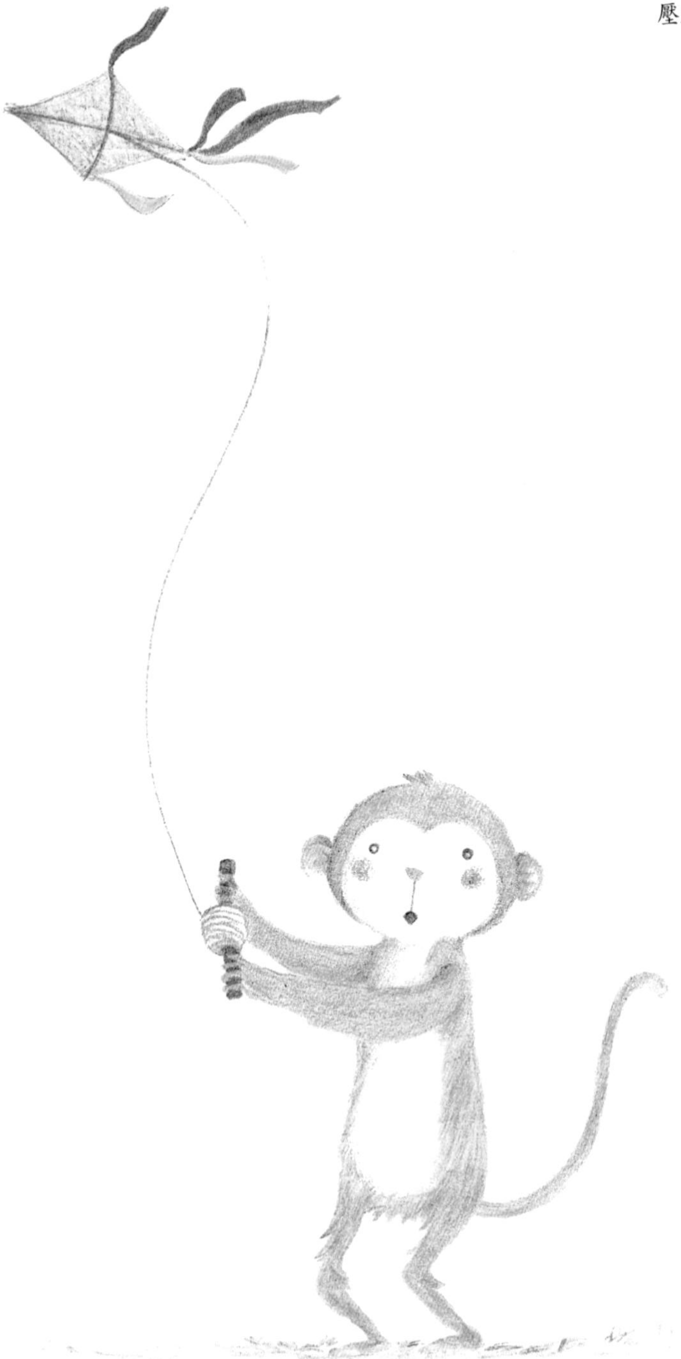

當我一個人，我覺得好空虛、寂寞。
我不知道自己到底是誰？
想要什麼樣的生活？
我也不喜歡自己。
也許，因爲如此，
我才會總是討好別人，
那麼重視別人對我的看法，
情緒也容易被別人牽動，
像是雲霄飛車般地起伏不定。
像是個無根的浮萍，
只能沒有方向地飄盪。

先從珍愛自己、了解自己開始吧！
當我能夠慢慢地自我了解、接納自己，
就像樹木慢慢地扎根、茁壯一般，
我也能夠與周遭的風雨一同生活，
並且轉化爲滋養我、幫助我成長的泉源。

從心出發

不知道爲什麼，
即使我很努力，生活忙得團團轉，
但是，
仍然沒有辦法讓自己的內心
眞正感到平安與滿足。

雖然，我有著愛我的家人，足夠的收入，
生活、情感上都不虞匱乏，

但是，我的內心，
仍然有著一絲幽深的孤獨。

我所努力的，
眞的是我所想要的嗎？

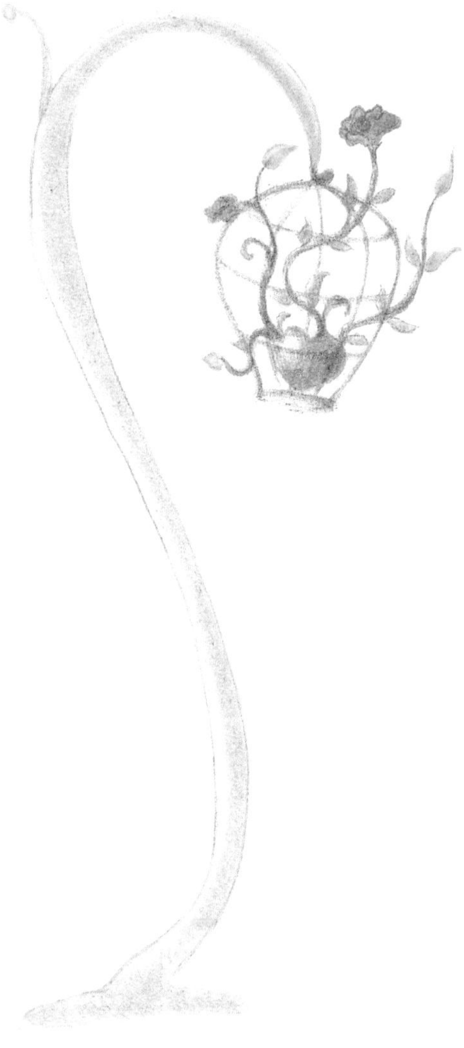

如果，我只剩下
一年、半年、一個月的生命，
我會想過怎樣的生活呢？
如果就這麼離開人世，
我又有哪些遺憾呢？

我要如何整合與平衡，
內心的渴望與現實的需求呢？

也許，從自己的內心出發，
從了解自己、與自己相處開始，
逐步地建構我這一期的生命，
所想要呈現出的意義與樣貌，
有一天，當我要離開人世時，
希望能有「不虛此行」的感覺，
以及滿滿的感恩。

幸福小語

在變動的生活壓力中，在週遭的人事衝突裡，引導著我，認識內在真實的自己，學習著接納自己、珍愛自己、與自己相處，發展出獨特又和諧的生命力量。

概念篇

part 3

生命旅途

因為無所得，
所以我可以創造。
因為下一瞬間的生命情境，
源自於當下的這一瞬間，
所以我需要選擇。

我常懷疑，人活著是爲了什麼？
當我生下來的這一刻，
我注定要死亡。
如果，努力了一輩子，
到頭來也都是一無所得，
那麼，人生的意義到底是什麼呢？

「死了萬般帶不走，
努不努力似乎沒有差別」，
這個問題，
每個人的答案都不一樣，
可能也沒有正確的答案。

可是，爲什麼有些人即便知道如此，
仍然每天認眞地努力生活呢？
生命到底有著什麼樣的奧祕？

想想，也因爲生命終將死亡，
我才能夠在這一期的生命中
學習自由、負責地
做我自己啊！

這輩子，
我想要經驗怎樣的人生，
成爲什麼樣的人，
關鍵不在能力，而在於選擇！

因爲這是我的人生，
我可以爲自己的選擇負責！
而我終將因著自己的選擇，
成爲不同的人。

當我了解死亡的必然，明白生命的無常時，
我發覺，
看似是：世間夢幻般的煩惱困住了我，
其實是：我自己緊抓著煩惱不放，
可是，我又抓到了什麼呢？煩惱又在哪裡呢？

當我開始執著時，
回頭想到死亡，
我試著放下煩惱。

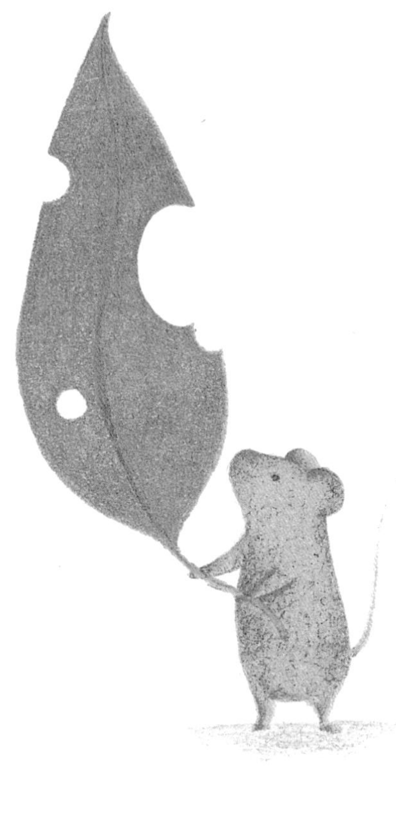

過去與未來如此虛幻，
我無法掌控什麼，
只能掌握
當下的這一個心念、
這個選擇。

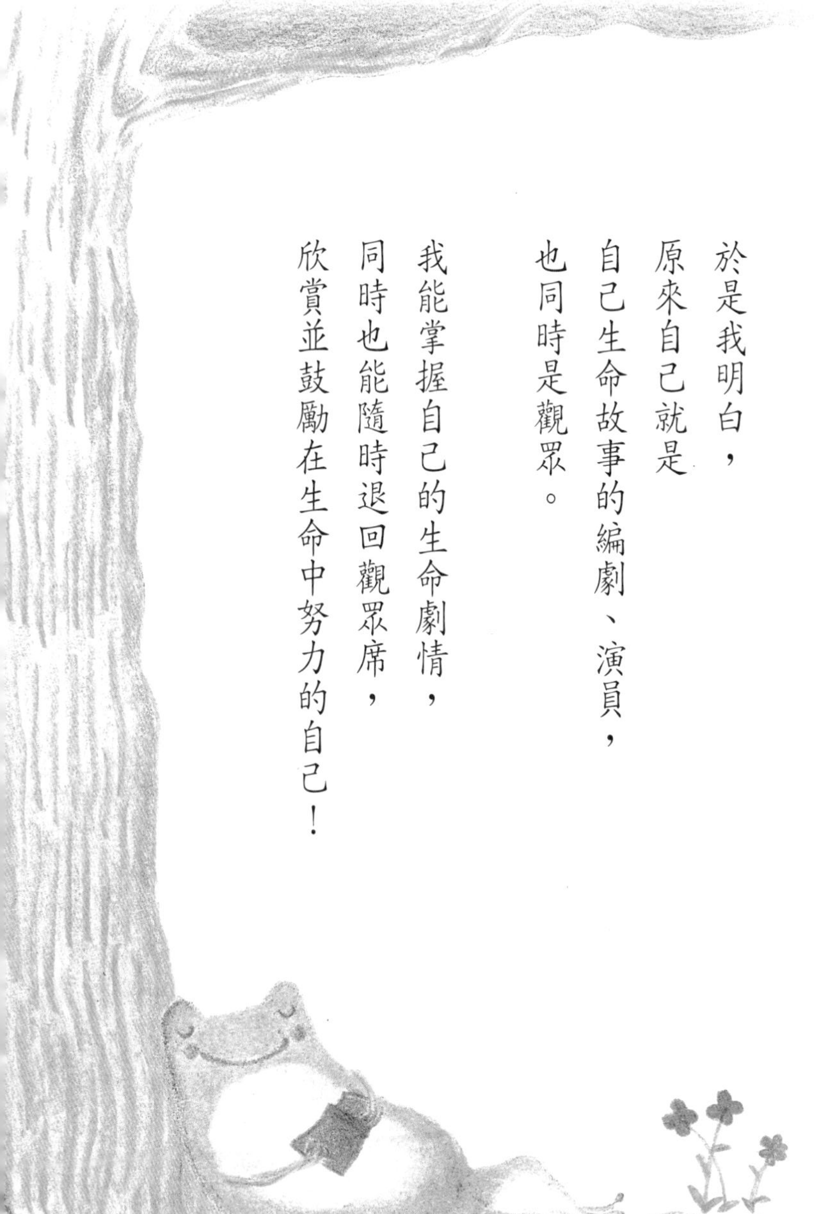

於是我明白，
原來自己就是
自己生命故事的編劇、演員，
也同時是觀眾。

我能掌握自己的生命劇情，
同時也能隨時退回觀眾席，
欣賞並鼓勵在生命中努力的自己！

即使我有自己此生的限制，
但是我仍然可以選擇並召喚
自己生命所需的素材。

期許我在臨死前，回顧這一生時，
自覺盡心，了無遺憾。

幸福小語

在無常且無法執取的生命裡，
珍惜並善用自己的特質與資源，
創造自己這一期生命的意義。

概念篇

part 4

平衡與取捨

在感受不同力量的衝擊時，
學習看穿表象，
了解它們不同的價值與意義，
依著自己的需求，
在有限的現實生活中選擇。

生命現象有如太極一般，
陰、陽，順、逆，兩種力量相互衝擊、流轉、調和，
我的心也常常在「自己與別人」、
「獨立與合群」、「獨特與順從」、
「自由與責任」、「自主與依賴」、
「冒險與安全」、「開展與守成」、
「理想與現實」、「理智與情感」、
「提起與放下」這些想法中擺盪，
然後，慢慢產生一個符合現實、新的想法。

隨著生命經驗的增加，
我發現，
沒有任何事是絕對的對或錯，
好壞常常是一體兩面，
不同的人、不同的時間或情境，
可能就有不同的詮釋。
可是，它們的發生，
總是帶給我一些省思與意義。

完整的生命經驗，
包含了「知識」與「體驗」，
有時候，
生命必須透過苦難的實際體驗，
才能了解祖先、長輩們
智慧話語的深邃內涵，
才能換得：「甘願」。

像稻子成長一般，
種子發芽後，需要有足夠堅強的根、莖，
能夠站穩腳跟，抵擋風、雨的考驗，
結出豐盛的稻穗，
然後，彎下腰來，感恩、謙卑地，臣服於天地。

生命的歷程，也是：
先發展堅強的自我，
而後在苦難中看見自己的有限，
將目光轉出自己，看見神聖，
並且學習臣服，接納自己與生命中的一切，
自己得以完整，
進而與大自然圓融、合一。

剛開始，我總是希望，
能夠證明：「我是誰」，
努力地證明自己是特殊的；
隨著生命經驗的開展與回歸，
我慢慢放慢腳步，看穿表象後的意義，
慢慢放下許多無謂的對抗，
單純、自在地，
只是活出自己的本來面貌。

如同太極所顯示的「正、反、合」，
事情常常有各種不同、看似矛盾的面向，
卻各有其意義與價值，
能夠同時看到、同時包容，
生命能夠更加完整。

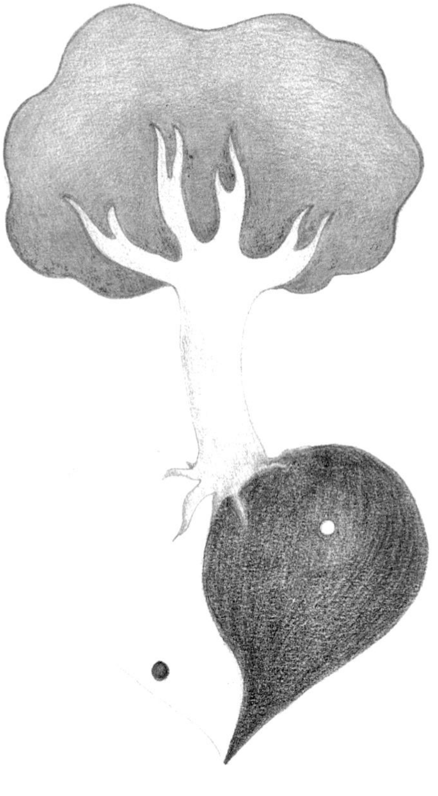

在有限的時間與精力下，
生活需要不斷地選擇，
選擇總會有某些犧牲，
先看到不同面向的種種可能，
再做選擇，
事後即使遺憾，
也較容易放下。

掌握與放下，
都是生命中需要學習的課題。
珍惜我能把握的，
放下我所無能爲力的。

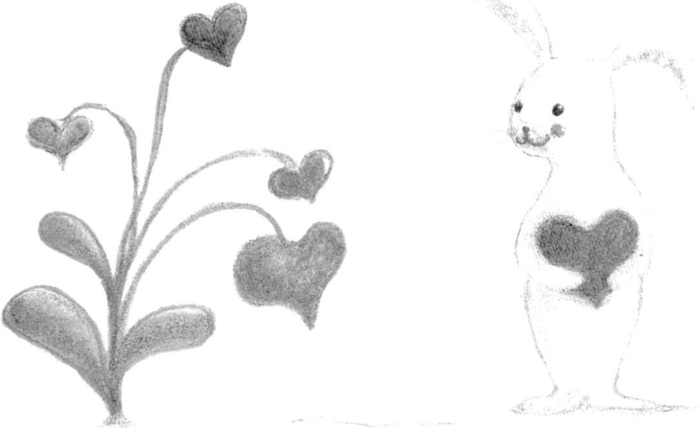

學習在掌握的當下，
內心也同時放下。

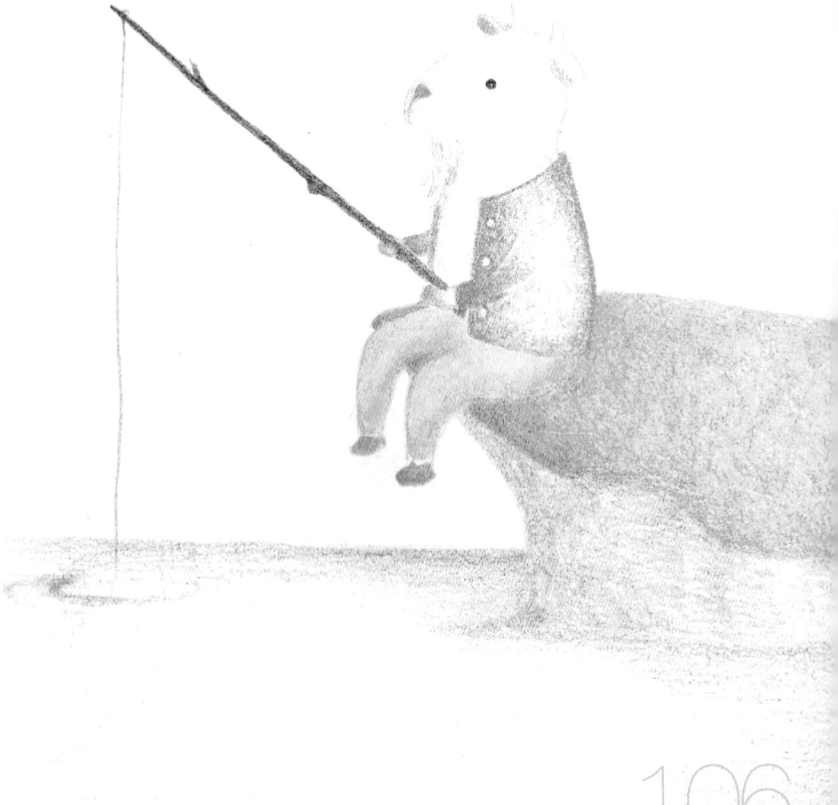

以無所求的心，盡力做，
我便自在、平衡了。

幸福小語

較高的視野，看得較完整；
較長遠的生命觀，走得較輕快。
做而無求，歡喜自在。

實作篇

part 5

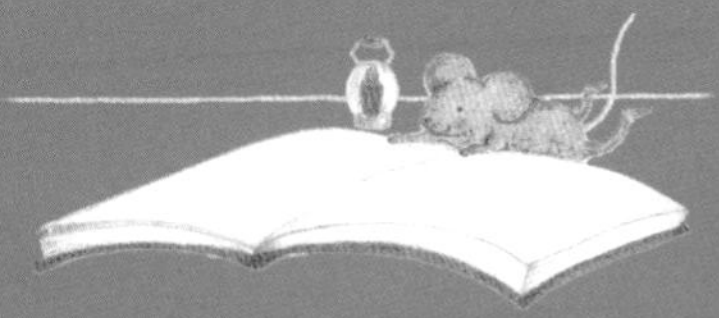

壓力調適

壹・回到當下與放鬆

沉浸在「追憶過去」或「憂心未來」的想法時，
情緒總是容易徘徊不去，
畢竟，過去或未來都沒有施力點。
只有活在當下，才能面對與處理事情，
情緒也較易走過。

當我全然、輕輕地注意一件事情時，
注意力是可以從過去或未來，拉回到當下的。
運用呼吸、身體的覺察、觀看天空、
想像輕鬆的意象、聽音樂等方法，
可以幫助我，讓注意力回到當下。

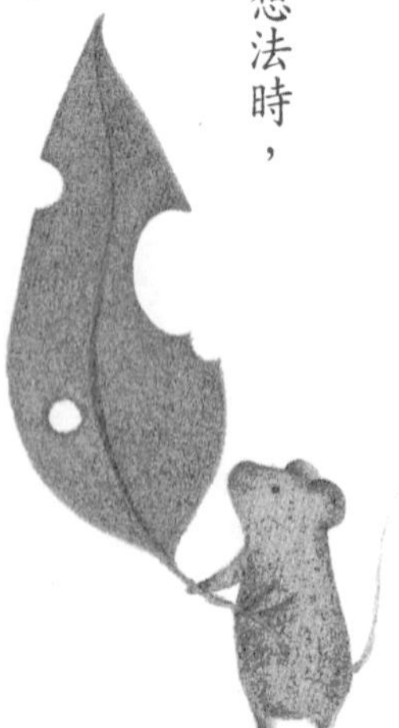

方法一．在呼氣中放鬆

呼氣是身體自然放鬆的方法。
當我在呼氣時，給予自己放鬆的暗示，效果會更好。
在每次呼氣的三分之一到二分之一時，輕輕地念著「放鬆」。
藉著「鬆」字中「嗡」的音，讓身體慢慢震動、放鬆。
壓力也隨之離開身心。

方法二．覺察身體的感受

當我緊張久了，氣血上衝，感覺頭暈不舒服。
我先慢慢地深呼吸，把感覺收回到自己身上，
再慢慢地把注意力輕輕地從頭部，
經由脖子、肩膀、手臂、手掌、胸部、腹部、背部、大腿、小腿，移到腳部。

覺察到身上的感受，只做覺察，不做評判。
無論有沒有感受，我都輕輕地掃描過去。
輕輕地注意腳與地面接觸的感覺，氣血便會隨著注意力自然下沉，
再將注意力輕輕地放在全身。
保持這輕柔的覺知，慢慢地，自然放鬆。

方法三．看看天空，讓心開闊

當我長時間做一件事情（如：念書或工作）時，
身心呈現集中的狀態，我常感到身體緊繃、容易煩躁。
讓自己每隔一段時間，適時的休息，讓壓力不會持續累積。
讓自己轉移一下注意力，
看看天空，讓視野寬廣、開闊，也讓身心放鬆一下。
緊、鬆適度的調節，能讓做事效率更為提升，路也能走得更遠。

方法四・想像輕鬆的意象，感受放鬆

當我感到無力或無助時，回憶過去對我有意義、能振奮自己的經驗或畫面，真實地感受著自己被鼓舞，我便能得到力量。

當我緊繃時，暫停一下工作，以輕鬆的姿勢休息，回憶過去輕鬆的經驗，或想像徜徉在自己所喜歡的大自然美景中，真實地感受著自己身心的舒坦、放鬆與喜悅，我便能得到滋養。

方法五・在音樂中靜心

當我很煩躁、生氣時，運用節奏強烈、吵雜熱鬧的音樂，幫助我宣洩情緒；

當我的煩躁減輕一些時，選擇節奏清晰、明快的音樂，幫我穩定一下心情；

當我稍微平靜時，和諧或單一樂器的曲目，讓我更平靜；

最後，在無聲之中休息。

貳・增進身體覺察、漸進式肌肉放鬆與引導式冥想

首先，自然地深呼吸，把注意力收回來；
然後掃描身體，增加自我覺察；
接著，藉由漸進式肌肉放鬆，肌肉先收縮、再放鬆，來感受肌肉放鬆時痠麻的感覺；
最後，透過光的冥想，把放鬆、平和、喜悅的感覺，帶到生活中。

方法一・增進身體覺察

我的肩膀又開始緊起來，我覺察到身上的壓力，
於是先依著自己的速度，慢慢地深呼吸三次，
把注意力收回到自己身上，便能活在當下。
從頭到腳，覺察身體的感受，增加對自己的了解，只是覺察，不做評判。
無論有沒有感受，我都輕輕地掃描過去。
這個動作，是邀請身體做我的好朋友，一起分享生命的美好經驗。

方法二・漸進式肌肉放鬆

將眼睛用力地閉起來，用力、用力，然後再慢慢放鬆、放鬆，
讓它們回復原來的狀態，感受眼輪周圍肌肉痠麻放鬆的感覺。
感恩我的眼睛，平常幫我看了這世間美好的事物，

感恩它們，讓它們在痠麻的感覺裡，放鬆、放鬆。

將嘴巴用力地咬合、臉呈微笑狀，用力、用力，然後再慢慢放鬆、放鬆，
讓它們回復原來的狀態，感受嘴巴周圍肌肉痠麻放鬆的感覺。
感恩我的嘴巴，平常幫我吃進許多美好的食物來滋養身體，
感恩它，讓它在痠麻的感覺裡，放鬆、放鬆。
感恩我的臉頰，平常幫我做了很多的表情，讓別人可以了解我，
感恩它，讓它在痠麻的感覺裡，放鬆、放鬆。

將頭向前下收，感受脖子肌肉拉緊的感覺，用力、用力，
然後再慢慢將頭回正，放鬆、放鬆，感受脖子肌肉痠麻放鬆的感覺。
再將頭向上仰，感受脖子肌肉被推擠的感覺，用力、用力，
然後再慢慢將頭回正，讓它們回復原來的狀態，放鬆、放鬆，
感受脖子肌肉痠麻放鬆的感覺。
感恩我的脖子，平常幫我連結了頭與身體，做了很好溝通的橋梁，

感恩它，讓它在痠麻的感覺裡，放鬆、放鬆。

將肩膀向上聳肩，感受肩膀肌肉被推擠的感覺，用力、用力，
然後再慢慢放鬆、放下，讓它們回復原來的狀態，放鬆、放鬆，
感受肩膀肌肉痠麻放鬆的感覺。
感恩我的肩膀，平常幫我扛了很多事情，
感恩它們，讓它在痠麻的感覺裡，放鬆、放鬆。

將肩膀用力地向後伸展、擴胸，
感受肩胛周圍肌肉被推擠，和胸肌被拉開的感覺，用力、用力，
然後再慢慢放鬆、放鬆，讓它們回復原來的狀態，
感受肩胛和胸部周圍肌肉痠麻放鬆的感覺。
感恩我的肩胛和背部，平常支持著我，做我堅強可靠的後盾，
感恩它，讓它在痠麻的感覺裡，放鬆、放鬆。

將手用力向前伸、握拳，
感受肩胛周圍肌肉、上臂、前臂、手腕、拳頭周圍肌肉拉緊的感覺，
用力、用力，然後再慢慢放鬆、放鬆，讓它們回復原來的狀態，
感受肩胛周圍、上臂、前臂、手腕、拳頭周圍肌肉痠麻放鬆的感覺。
感恩我的手，平常幫我做了很多好事，
感恩它，讓它在痠麻的感覺裡，放鬆、放鬆。

將肚子輕輕地向內收縮，收到底，然後再讓它自然地彈出來，
感覺肚子更有彈性了，
當吸氣時，就能自然地將氣吸到腹部的位置，成為腹式呼吸，
讓我更輕鬆，更省力。

將雙腳用力地向前伸、把腳背向內、向上，
感受大腿、小腿肌肉拉緊的感覺，用力、用力，然後再慢慢放鬆、放鬆，
讓它們回復原來的狀態，感受大腿、小腿、腳部肌肉痠麻放鬆的感覺。

感恩我的腳，平常幫我走了很多好路，
感恩它們，讓它們在痠麻的感覺裡，放鬆、放鬆。

將眼輪周圍、臉頰、脖子、肩膀、肩胛、上臂、前臂、手、胸部、腹部、
背部、大腿、小腿、腳部肌肉酸麻放鬆的感覺，連在一起，連成一片，
讓放鬆的感覺遍滿全身，讓身體徜徉在放鬆的感覺裡，
好放鬆、好舒服，愈來愈放鬆，愈來愈舒服。

當我聽到任何的聲音，覺察到任何的事情，
都只會讓我更放鬆、更舒服；
每一次自然的呼氣，都會讓我更放鬆、更舒服。

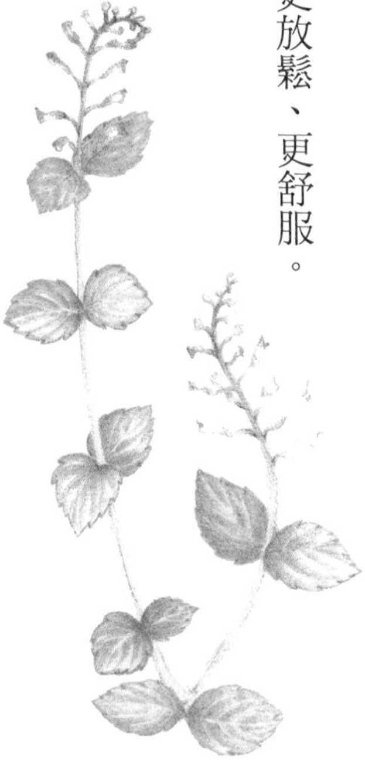

方法三．光的冥想

想像自己身體所有的病痛，心裡所有的緊張、不安、擔心、害怕、焦慮、恐懼、煩躁、委屈、猶豫、衝突、自責、憂鬱，所有身心的困擾，都化成黑煙，
隨著每一次呼氣，便自然地從鼻孔和身上所有的毛孔，遠離身體。
當它離開身體時，便被大自然療癒的光芒力量自然地化掉了。
隨著每次自然地呼氣，身心的煩擾便遠離身體，
我的身心便愈來愈清淨、愈來愈清澈透明，像是一個清淨透明的水晶一般。
想像自然地每一次吸氣，便把大自然的療癒光芒，吸入體內，
身心就像是一個清淨透明水晶，內外都充滿著光芒。

方法四・自我暗示

我的身體愈來愈健康，心裡愈來愈平和、喜悅，
身心充滿著慈愛，讓慈愛的光芒與溫暖盈滿全身，
讓慈愛滋養我，守護我，我更能慈愛自己，也能慈愛他人。
我更有智慧能夠分辨，什麼是需要答應的，什麼是需要拒絕的；
什麼是需要承擔的，什麼是需要放下的。
我能更有勇氣、力量與毅力，承擔需要承擔的事；
我能更開闊、更寬廣、更自由地，放下需要放下的事，
我會更有自信，能夠相信自己，也能相信別人；
我更能寬容自己，也能寬容別人。
我能夠允許自己，依著自己的速度與步伐，
在生命的旅程中，學習、成長，並且欣賞自己在過程中的努力與奮鬥。
我也能夠允許別人，依著他們自己的速度與步伐，
在生命的旅程中，學習、成長，並且欣賞他們在過程中的努力與奮鬥。

願我能夠善用這一期的生命，
能夠利益自己，也能利益別人。

我現在身體非常的健康，內心非常的平和與喜悅，
充滿著慈愛、智慧、勇氣與活力，
更開闊、更寬廣、更自在，更有自信，更能包容，
這裡就是我心靈真正的家，一個內在充滿溫暖與滋養的家，
只要我想回到這個本有的家，任何時間、任何狀況，我都能回到這個家，
當我輕輕地深呼吸三次，將注意力收回到自己身上，
我便能自然輕鬆地回到我內心平安的家裡。

現在，我的身心像是一個清淨透明的水晶，
內在充滿著平和、喜悅、溫暖的光芒，讓這光芒從自身散發出去，
與周遭一切有緣的人事物分享，並且祝福他們。

我慢慢地張開眼睛，將注意力慢慢地散發到外界，把放鬆、平和、喜悅的感覺，自然地帶到生活中來。

應用一．幫助睡眠

讓身體徜徉在放鬆的感覺裡，

願我晚上睡得平靜、安穩，早上醒來時，身體健康，心情喜悅，充滿活力，一切的人事物都平安、順利。

自然、放鬆即可。

應用二．面對壓力

當我要上台演講時，我發現肩膀肌肉好緊，心理好緊張，我先深呼吸幾次，讓注意力回到自己身上。

在每一次呼氣，想像自己身體與心理所有的緊張、不安，都化成黑煙，隨著每一次呼氣，從鼻孔和身上所有的毛孔，排出身體，一到體外，便被大自然療癒的光芒化掉了，自己愈來愈放鬆、愈來愈平靜。

想像每一次吸氣時，把大自然的療癒光芒，吸入體內，身心愈來愈清澈透明，猶如透明水晶一般，身心充滿著光芒，自己愈來愈有自信、愈來愈自在。

讓光芒從自身散發出去，讓自己這次演講，能夠利益自己，也能利益別人。

現在我以自信、平靜、喜悅、安詳、寬廣、放鬆的心，上台演講。

應用三・解開苦難的束縛

我發現，讓我無法忘懷的事情，常常是聯繫著強烈情緒的記憶。尤其是，失戀、意外傷害、親人過世、考試失利，或是遭受感到恐懼、無助、害怕，感覺被背叛、被攻擊、被指責、被遺棄、被委屈等事。

感受一下，它們在身上留下來不舒服的感覺。只是覺察、感受這些不舒服的感覺，看著它們的變化。它們真的很不舒服。

原來其他相似遭遇的人也是這樣的痛苦與無助，原來大家都是一樣的。

希望我們能解脫這樣的苦，我要先幫助自己，才能幫助與我相似、受苦的人。

我把情緒與想法分開來處理。我先處理情緒，把困擾我的情緒能量，化成黑煙，隨著每一次呼氣，遠離自己，自己愈來愈輕鬆、愈來愈清淨。

再處理想法，隨著每一次吸氣，把大自然的療癒光芒，吸入體內，身心愈來愈清澈透明，猶如透明水晶一般，身心充滿著光芒。

願我能夠慈愛自己，也能慈愛別人，

願我能夠更有自信，能夠相信自己，也能相信別人，

願我能夠寬容自己，也能寬容別人。

我的身心像天空一般，愈來愈寬廣、開闊，

想法如雲朵一般，自由來去，也自然消散，

身心充滿著清淨、喜悅、慈愛的光芒，感覺寬廣、自在。

讓光芒從自身散發出去，祝福與我相似、受苦的人，

想像他們也被這些光芒所祝福、滋養，身心也充滿著清淨、喜悅與安詳。

慢慢地張開眼睛，將注意力慢慢地散發到外界，
把平靜、喜悅、寬廣、放鬆的感覺，帶到生活中來。

實作篇

part 6

自我探索與全然接納

壹・書寫

讓文字承載我的情緒、想法與記憶，
透過文字的流動，
看見自己的生命。

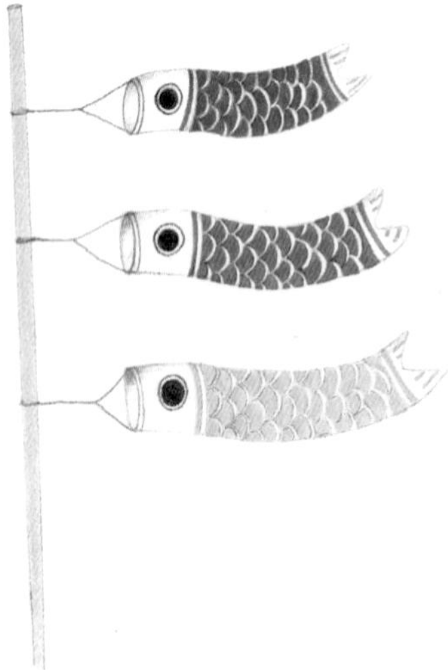

目的一．增加了解

看見事件與調適

有時候，我會在一件事情上，反覆擔心、煩擾，讓我無法專心，甚至影響生活或睡眠。尤其是與自己或家人有關的事情時，我總是無法放下。也許對我而言，它是重要的，才會反覆浮現提醒自己吧。

既然放心不下，那就將它寫下來吧。

寫下來，有個紀錄，我不用擔心又會忘記，反覆想的頻率便下降了。

寫下來時，一方面，情緒得到抒發，我覺得舒服一些；

一方面，我會仔細想，想想問題可以如何處理，安排計畫。

想想：我過去有沒有類似的經驗，那時候，困難又是如何走過來的呢？

如果自己無法解決，我又該怎麼調適、放下呢？

當我寫完時，我發現事情好像沒有想像中那麼複雜，而且我已經盡力了，那就給自己一個鼓勵與祝福吧！

範例：與自己有關

第一步：寫下來

再過兩週就要期末考了，還有很多書沒有看，怎麼辦？如果這次再考不好，一定會被爸媽罵死了。而且還有可能會被二一或三二了，如果被退學，我要怎麼辦？還可能就要去當兵了，那我跟小芳要怎麼辦？未來我們還有可能在一起嗎？

第二步：評估與處理

災難化的想法過度延伸，會讓緊張、焦慮擴大。把注意力收回到真正的問題：即將要考試了。

評估二一或三二的可能性，可能性超過50%，所以，要以「不會被退學」為目標。

一共要考七科，其中有兩科已經不好救，也不好念，先放在後面，有時間再念。有三科期中考考得還不錯，要排一些時間念，要把握住，至少及格。另外還有兩科，在及格邊緣，多排一些時間念，要拚到及格。

我一天可以念書的時間約有八小時，中間穿插休息時間一個半小時，約有六個半小時。兩週分成：前十天準備與後四天簡單複習。教材選擇看得懂、可以把握的資料，目標七十分即可；可以先看看考古題來掌握方向。

排出讀書計畫，要有休息時間與彈性。

只要照著計畫念，把其他的後悔或擔心放下，安住在當下，念書即可。

鼓勵自己，給自己打氣加油。

範例：與他人有關

第一步：寫下來

再過兩週，大兒子就要大學聯考了，可是看他都沒在念書，晚上只會看電視和打電動，講他幾句就說我嘮叨、煩，真是讓人擔心。最後衝刺是最重要的，平常成績不好，那也要臨時抱佛腳一下啊！看他的生活，好像已經放棄一樣，如果真的考不好，那要怎麼辦呢？

第二步：評估與處理

擔心，是源自於大兒子即將聯考卻不念書，所以要先跳出自己的煩惱，看看大兒子目前的情形。

可以嘗試著轉換角色，想想：

如果我是大兒子時，我現在可能有什麼感受與想法，也許是焦慮、否認，或真的不在意。

如果他是焦慮或否認，他會不會自己就已經很緊張了；

如果他不在意，是他已經準備好了，還是他有其他的想法？

同理他的情緒，了解他的想法，以鼓勵代替責備，不要與他人比較。

覺察自己的情緒，減少因自己的焦慮而干擾大兒子的狀況，尋找出口或方法，抒解自己的壓力。

分辨：

擔心大兒子考不好，有哪些是源自於自己的需求（例如：擔心自己丟臉、被別人認為自己不會教小孩、擔心他未來的就學、就業時，我還要再煩惱）？

哪些是大兒子的需求（例如：他很焦慮如果考不好，未來無法學習到他有興趣的科系）？

如果是大兒子的需求，有哪些其他方法可以達成？

可以和大兒子談談，了解他對目前狀況的想法，以及他需要我提供哪些協助。避免因為自己的需求，而強迫他順從。

如果感覺自己無能為力，我要如何幫自己調適壓力呢？

就為自己與大兒子祝福吧。

了解現況、適度取捨、安排計畫

感覺背負著好多事，讓自己喘不過氣來，腦袋瓜裡也反覆盤旋著這些事，無法休息。就將所有擔心的事都寫下來吧。

如果總和是一百分，依自己的直覺或事件的影響，每一項事件會各占幾分呢？依著分數，將事情的嚴重度重新排列一下。

再看看，哪些事情是目前可以解決的呢？又可以如何處理呢？
現在無法處理的事情，我該如何調適呢？

在時間與精力有限的情況下，我只能先掌握可處理或影響較大的事，
其他無法處理或不急的事，就將它們先放下吧。

在做了優先順序與取捨之後，模糊混亂的感覺，變得清晰也放鬆多了。

範例

第一步：把心裡煩擾的事，寫下來。

感覺一團混亂，只覺得很煩，很想遠離現在的生活，但就是不行。

困擾的事	困擾的程度（嚴重度）	目前可處理的可能性
❶工作負擔大	15%	20%
❷與同事相處不好	10%	0%
❸貸款壓力	5%	0%
❹與先生互動不佳	5%	0%
❺擔心小孩功課退步	20%	30%
❻擔心媽媽病情	10%	10%
❼周末要回婆家，與婆婆互動不佳	10%	0%
❽失眠，身體疲累、不舒服	25%	40%

第二步：評估與處理

目前可以先處理的事：

❶睡不好、身體不適，先去看醫師，調理一下身體，並且多休息。

❷與孩子談一談，了解造成功課退步的原因是什麼？

他如何看待功課退步這件事？

想要怎麼解決？

他希望我如何協助他？

❸想想，工作時，可以如何調整時間管理：

能夠工作一段時間後，做短暫的休息。

如果身心撐不住，跟主管討論自己的情形，減少工作量，或請假休息一下。

❹打電話慰問媽媽的情形，等自己身心狀況較好時，再回家看看媽媽。

其他的事，既然現在無法很快地改善，那就先放下吧，目前先不用給予太多的期待與關注，只要做到基本要求，讓它們過去就好。等到未來狀況較好時，再來看看可以如何處理。

在看清自己的狀態，做完「取、捨」之後，我感覺比較有掌控感，忙亂的感覺也有改善一些了。

當自己生命的觀眾與編劇

如果，認識自己的第一步，是接納自己，也許我可以試著將腦海裡的事情，沒有分別、沒有評價地寫下來。寫下來時，我是主角、導演與編劇，我以主觀的角度看自己。

寫完後，我重看一次剛剛的文字，某些字眼似乎像重點似地浮現出來，特別觸動內心，拿起筆將它們圈起來。有時候，段落之間的連接，會讓我有新的感受。

我再試著看看，被圈起來的文字，或段落之間的連接，有沒有讓我看到更多的內心世界呢？

當跳出來再重看文字，有什麼新的發現呢？

這時候，我也是觀眾，希望以客觀的角度看看自己這部生命電影。

在主角、導演與觀眾之間，做角色互換，增加視野的高度與寬度，我知道，我希望看到什麼樣的故事，我要如何寫自己的劇本。

當生命的主權回到自己手中，我感覺更自在了。

範例

第一步：把心情故事寫下來（發洩一下，讓情緒好一點）

組長怎麼可以事情都叫我做，讓小王在旁邊納涼，我認真努力，不代表我就要累死啊！我的工作量已經到達極限，我也快不行了啊，為什麼所有的事都要我做？我也和小王一樣領一份薪水而已啊！難道敢皮的人就可以混日子嗎？

第二步：跳出來自己的角色，重新看這個故事

❶「什麼事都叫我做」、「極限，快不行了」、「敢皮」等字眼浮現出來。看看自己想到什麼？

❷什麼原因組長事情都叫我做？

①是因為我做得好，如果讓小王做，組長會不放心？

②還是因為我比較好使喚，不會拒絕，不會抱怨，所以叫我做比較容易？

③還是因為這是我比較專長的部分？

④還是組長要磨練我、培養我、考驗我，讓我學到更多，有一天要提拔我？

❸把以上的原因，依自己的感受，以100%來分配可能性：

①30%②40%③20%④10%

❹我覺得主要是因為自己做得好，又不會拒絕組長，才會讓自己忙到極限。

那麼，為什麼我不能適當地拒絕組長呢？

如果拒絕他，我會擔心什麼？

我有哪些需求？

我的界限在哪裡？

在什麼狀況下，我要拒絕他？

如果要說不，我可以怎樣表達，比較適切？

❺現在跳出來想想，組長也不是將所有的事都叫我做，有些事情的確是讓其他同事負責的。我剛剛似乎是有一點以偏概全，誇大了自己的負擔程度，情緒也跟著被放大了。

❻透過一連串的自我探索後，我增加了對自己的了解。

❼剛開始會比較辛苦，不過經過一段時間的練習後，我發現，似乎都是幾個主題在不同情境中重複，對於可以如何處理與用什麼態度面對，自己會更有信心與把握，比較不會懸在未知、莫名的焦慮之中，自己也輕鬆多了。

目的二．接納自己的特質

我常覺得，不喜歡自己，覺得自己不夠好。這種感覺，讓我總是要做好多事來肯定自己，卻仍然覺得不夠。我想看看，自己有哪些優點與缺點。

材料：Ａ４紙一張，筆

作法：

❶把Ａ４紙橫放，從上到下畫成四格。

❷ 第一格寫20個自己的優點，第三格寫20個缺點，第二與第四格先空白。我盡量寫，如果寫不滿20個，先與家人、朋友討論看看，他們眼中的我，是怎麼樣的一個人。

❸ 寫完優缺點後，再看看：
第一格的優點可能會在什麼時候變成缺點，把它們寫在第二格。
第三格的缺點可能會在什麼時候變成優點，把它們寫在第四格。

❹ 我發現，自己不是像原先想的那麼一無是處，
優點與缺點也不是那麼絕對，似乎都有它們可以發揮與有所限制的一面。
這些不同的特質，能讓我在不同的時機，選擇適當的方法運用它們。
我好像比較能夠接納自己了，而且隨著自我接納，感覺我的內在能力也更加擴展，感覺更有自信、更喜歡自己了。

範例：

優點	（空白）
❶天真	
❷體貼	

缺點	（空白）
❶好高騖遠	
❷容易緊張	
❸鑽牛角尖	
❹沒有耐性	
❺容易生氣	

優點⬇	缺點
❶天真	易被騙
❷體貼	忽略自己的需求

缺點⬇	優點
❶好高騖遠	有理想
❷容易緊張	比較敏感
❸鑽牛角尖	思考細密
❹沒有耐性	可以短時間專注或交替工作
❺容易生氣	知道自己不要什麼

目的三．看見自己的心理運作模式，擺脫重複的困擾

我發現，生活中，重複的問題似乎不斷發生。

例如：

在人際關係上，常因相似問題或情境，而與不同關係的人衝突；

或在工作方面，常因相似的困擾而換工作。

讓我好累、好煩。

有沒有可能，問題不在別人身上，而是出於自己？

如果我能夠真誠地把過去到現在的這些不同的衝突情境，一一寫下來，也許

我能看到一些問題脈絡。這些情境有哪些地方相似呢？

我可以利用情緒作為線索或指引，幫助我覺察：

當時是什麼影響了我？

我「當時」有哪些不舒服的感覺？是哪些話、哪個人或情境，讓我有這種感覺？

這些話、人或情境是如何讓我感覺不舒服的？是什麼原因呢？

這些話、人、情境或感覺，會讓我聯想到「過去」生命中的哪些經驗呢？

那是什麼時候發生的？什麼樣的經驗？當時的感受如何呢？

我是如何應對這些經驗的？這些應對的方法帶給我什麼好處與缺點？

過去的這些經驗是如何影響我呢？

「現在的我」和「過去小時候的我」比較起來，有什麼不同呢？

「現在的我」在重新面對與處理的這些狀況時，會希望如何處理呢？

第一步可以怎麼做？可能的困難是什麼呢？

無論過去，我是如何處理這些狀況，它幫助我走過這段歲月，讓我真誠地對過去的自己感恩！

也祝福自己，未來能更加覺察、接納、欣賞、珍愛自己，活出自己的獨特性，也學習欣賞別人，與周遭和諧共處。

目的四．面具：做別人期待的我，或成為自己渴望的我

生活中，明明有些不開心、不願意，但是為了一些原因（維持自我形象、做到自己希望的目標，或討好別人、符合倫理、保有工作、維持人際關係），我必須戴著面具，做著自己渴望的我，或是別人期待的我，心裡很累、也很不舒服。

尤其是，如果「面具」與「目前心裡真實的感受」差異太大，在當下或角色扮演結束後（如：下班後），我的情緒起伏會變得很大，覺得有好多委屈與不甘心；當我想到要再回到那個狀態，壓力就覺得好大。

有時候，面具戴久了，也會習慣、忘記摘下來，在不適當的場合表現出不適當的舉止（如：女老師回家後，以老師對待學生的方式，與先生相處），甚至誤以為面具就是自己。

我常常想：為什麼我要戴面具呢？為什麼我就不能自在地表達自己的情緒與看法呢？為什麼我不能只做我喜歡做的事就好了，還要去符合別人的期待呢？

我好想逃離這個虛假的世界喔！

如果大家都直接、自在地表達內心的情緒與想法，做自己，不期待別人，那該有多好！

只是，在此之前，當別人把對我的看法，毫不掩飾地直接告訴我時，我是否能夠有這個勇氣與雅量，去承接它們呢？

看來，問題的關鍵，似乎是在：我能不能接納當下這個真實的自己吧！

如果現在，我也沒把握做到全然地接納自己，接納別人對我毫不掩飾的看法，那麼，別人也不容易做到啊！
想要一個沒有面具的生活，還真不容易呢！

原來，面具還是有一些功用。
因為在社會生活裡，有著許多不同的角色（如：女兒、太太、媽媽、同事、部屬、朋友、鄰居、路人、顧客、國民等等），每個角色都有它特別的需求與責任，戴著面具，在約定俗成的倫理中互動，讓大家溝通更順利，
我也在過程中，適當地達成別人或我對自己的期待，得到肯定，建立自信。
而且，在面具下，我可以適當地掩飾著內心真正的感受，也有著「與他人保持距離、保護自己」的好處。

因此，不同角色可能有著不同的面具。
每一個面具，都只是生活應對中的一部分而已，並不是全部的人生，也不是真正的自己。

每個人也因著自我接納程度的不同，「真實自己」與「面具」之間的差異也不同。有的人差異不大，有的人差異較大。差異愈大，感覺愈費力、愈辛苦。

有一些情境與某些人際互動（如：與伴侶互動時），我並不覺得自己是在戴面具，感覺內心很真誠、自在，不過在情緒表達與說話時，可能會比較直接，沒有遮掩，如果對方也能了解與接納這個真實的我，我會感覺很放鬆。

如果我能夠分辨「目前心裡真實感受的我」與「目前所需面具」之間的差異，而兩者之間的差異不會太大，我也能夠適當地轉換角色，運用合宜的面具來生活，也許我能更輕鬆、自在。

雖然我某個程度是戴著面具，但是，我還是可以真誠地對待別人。

如果，我能全然地接納當下這個真實的自己，我便可以不需要那麼多面具了。

目的五．陰影：我所無法接納的自己

很奇怪，我好像對於某些事情、某些話語特別敏感，讓我會比較注意它們的發生，或是當下的情緒反應特別激烈，在平靜後，連對自己剛剛的反應也感到驚訝。

它們好像會與我所無法接納、討厭、排斥的事情或概念有關。

比如說，我一直希望自己做到無私、慷慨，當我聽到別人講我自私、小氣時，我很容易火冒三丈，也會對別人是否自私、小氣特別注意與反感，有時候，甚至會誤解別人。

好像當我無法接納自己有自私、小氣的特質時（陰影），我反而將它們投射到外界（陰影投射），特別關注它們，要阻止別人誤會我，要揭露別人有這些狀況，來證明自己不是個自私、小氣的人。

什麼原因我非得要戴著「無私、慷慨」的面具？
為什麼我會無法接受自己是個「自私、小氣」的人呢？
如果別人說我「自私、小氣」時，我會聯想到什麼？

無論目前我是否能夠接納自己擁有這些特質，但是當我注意到這個現象，予以覺察時，原本莫名其妙的情緒反應，似乎平和多了，注意別人有沒有這些特質的情形，也比較減少了。

我可以想想生活中有哪些相似的情形：
自己無法接納、討厭、排斥別人對我的某些指稱？
什麼原因他們會如此說我？
是他們誤解了，還是我沒有發現自己有這個面向？
為什麼我無法接納這些指稱？
這些特質可能會帶給我什麼改變？

學習了解與接納自己所擁有的特質吧！

目的六．覺察自己力量所在：回憶過去相似的經驗，或力量藏在陰影中

有時候，在遇見逆境或不順心時，覺得自己好無能、好無助、未來沒有希望，感覺好累喔！好想永遠休息，放棄這一切。

已經辛苦了這麼久，先讓自己好好地放鬆、休息一下吧！

當我允許自己放鬆、休息時，我反而回憶起過去似乎也有相似的經驗耶！
那是什麼時候的事？當時的情形是如何？
而我又是怎麼處理、怎麼走過來的呢？

想想，如果目前的困境改善時，情境會有什麼不同呢？

首先改變的徵兆是什麼？

我又可以做什麼不同的改變？

從過去到現在，我已經經歷了不少事情，也擁有許多經驗與能力，只是我遺忘了而已，我其實擁有著比自己想像，更多的智慧與資源，能夠處理當前的情境。

有時候，如果遇到的是一個全新的問題，沒有辦法從過去的經驗或創意想法中找到對策，那麼，

我目前的困境是如何造成的？

有沒有可能與我沒有覺察地過度使用我的優點有關嗎？

或是與我所無法接納、排斥的陰影有關嗎？

是否因為我抗拒陰影，因此造成我處事上的扭曲或僵化呢？

如果我可以接納我的陰影，事情的發展有可能如何改變呢？

我發現，我的陰影其實也是「完整我」的一部分，當自己可以接納它們

時，內在的空間與資源也因而擴大了，在整合特質與學習適當運用的過程中，我的內心力量更加豐富，處事也更有彈性了。

貳．藝術治療

運用非語言的力量，
探索內在豐富的無意識寶藏。

方法一・繪畫

抒壓式繪畫

材料：八開或四開的圖畫紙、著色媒材（可任選粉蠟筆、壓克力顏料、水彩或色鉛筆）

作法（以粉蠟筆為例）：

❶先放下腦中紛飛的情緒或想法，直覺性地選擇一種與現在狀態相應顏色的粉蠟筆。

❷依著內在的感覺任意地在圖畫紙上畫畫，不一定要有特殊的圖案，也沒有非得要畫什麼不可，只是任意地畫，感覺內在的情緒隨著紙筆的塗抹，慢慢地發洩出來。

❸隨著感覺，更換顏色，自由地畫。當感覺畫得差不多時，停下來，看看自己畫了什麼。

❹可以轉動圖畫紙，瞧瞧是否看到了什麼？

❺可以再選取畫筆，把看到的圖案畫完整。

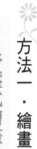

❻給予這張圖一個名字，總結內在的心情。

❼我發現，當我任意畫時，潛意識的訊息似乎流露了出來；當我看看畫了什麼時，便將潛意識的素材交由意識來處理；當我命名時，更能以文字來統整與認識更深層的自己。

❽將概念與了解放下，讓每一次的感受與情緒，都以清新、自在的方式呈現，不受過去概念或成見的干擾。

❾當我畫完，我覺得有一種放鬆與滿足的感覺。

範例：

▪ 隨著感覺，自由地畫。

▪ 轉動畫紙看到什麼呢？完成它，試著命名。

▪ 感受一下潛意識告訴你的訊息，然後，放下它，安住在當下即可。

嫉妒

心情繪畫

材料：八開或四開的圖畫紙、著色媒材（可任選粉蠟筆、壓克力顏料、水彩或色鉛筆）

作法：

❶ 把心裡對某一件事，最有感覺或印象的部分畫出來；同時，也抒發情緒。

❷ 從圖畫中，看看對自己影響最深的畫面是什麼？有原因嗎？

❸ 可以依據自己的期待，來調整、修正這幅畫，畫成你想要它變成的樣子。

範例：

在悲傷與糾結的情緒裡，
追憶著過去與伴侶一同走過的歲月。
當看到自己畫出不同的選擇，
因著不同的需求，
我釋懷了。

範例：爸爸生病了

看著躺在加護病房身上插滿管子、手腳被綁著的爸爸，感覺好心疼、好難過。祈求老天爺，給予爸爸護佑，給予他生命力，讓爸爸早日康復。

監視器上一連串令人擔心的心電圖、血壓、和心跳數據……

來來往往探視病人的醫師和親友……

希望爸爸能夠早日康復！

範例：

■ 在親情的滋養與束縛中，我不想再因為討好而迷失了。

■ 用黏土做了自己，獨立地站在生命的核心。

方法二・畫曼陀羅

曼陀羅，一個象徵心靈的神聖空間，透過在圓中作畫，讓心中的情感與意象自由流動著，可以了解自己，統整心靈。

塗色靜心

材料：已畫有曼陀羅圖案的畫、色鉛筆

作法：

❶ 直覺性地選取色鉛筆顏色與塗色。
❷ 輕輕地專注於塗色的過程。
❸ 塗完顏色之後，感受一下，完成的曼陀羅給予我的感覺。
❹ 在過程中靜心。

範例：

可以看看，不同顏色背景，產生什麼不同的感受？

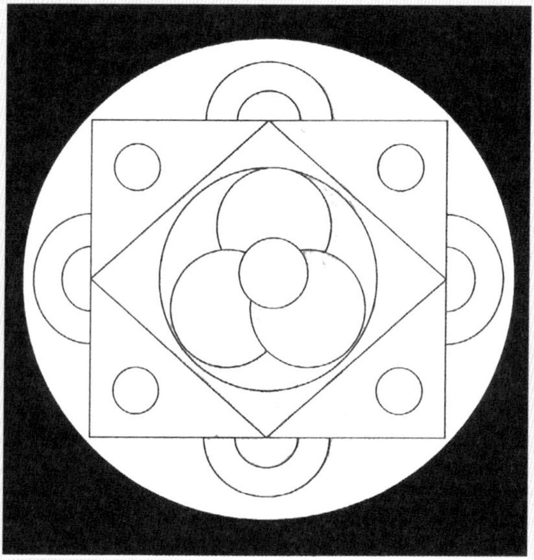

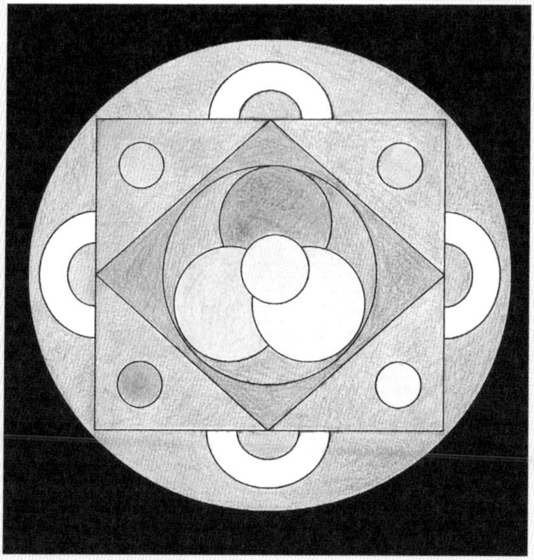

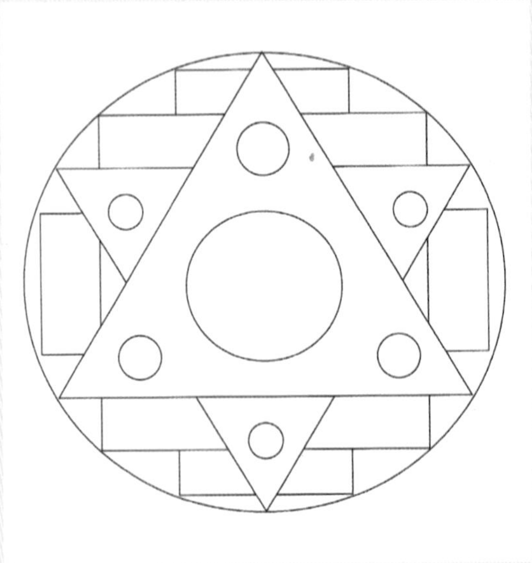

繪畫觀心

材料：圖畫紙、著色媒材（可任選粉蠟筆、壓克力顏料、水彩或色鉛筆）

作法（以粉蠟筆為例）：

❶ 先放下腦中紛飛的情緒或想法，直覺性地選擇一種與現在狀態相應顏色的粉蠟筆。
❷ 靜下心來，在圖畫紙上，畫一個圓，可以重複描邊，直到覺得足夠了。
❸ 在圓圈之中，自由地畫畫。
❹ 畫完後，再看看自己畫了什麼。
❺ 給予這張畫一個名字。感受一下，從內心感受化為文字掌握的感覺。
❻ 將概念與了解放下，讓每一次的感受與情緒，都以清新、自在的方式呈現，不受過去概念或成見的干擾。
❼ 感受看看，這種在圓中畫畫，與一般畫畫的差別在哪裡呢？
❽ 在圓中作畫，我覺得有一種被保護、更安全、更穩定的感覺。

❾ 這條圓的線，象徵著一個界線、一個保護、一種圓滿，像是守護著自己心靈的小宇宙一般，無論外在有什麼危險，總是無法侵入；無論內在如何不穩定，圓總是無盡地了解與接納，並且保護著我。讓我能在安心、放鬆的情形下，自我探索。

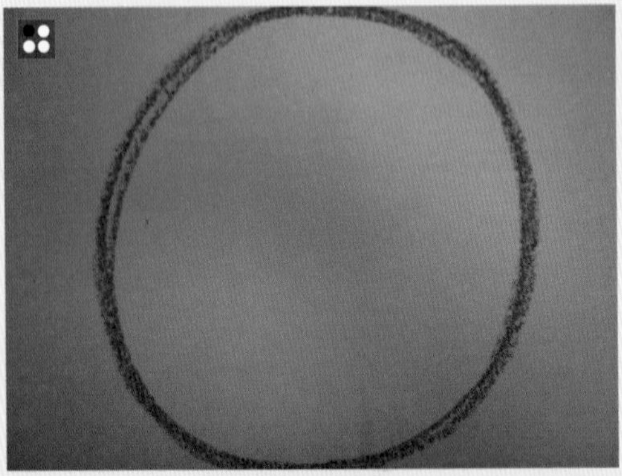

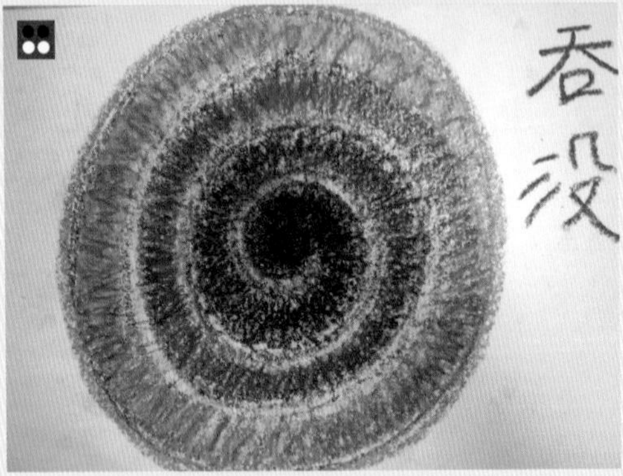

範例：

- 選擇一個顏色，靜下心來慢慢地畫圓，一直畫到感覺滿足了。
- 在圓裡面，任意地畫出內在的感覺，看看自己畫了什麼，給予命名。並且感覺一下，這幅內心的畫帶給我的啟發。

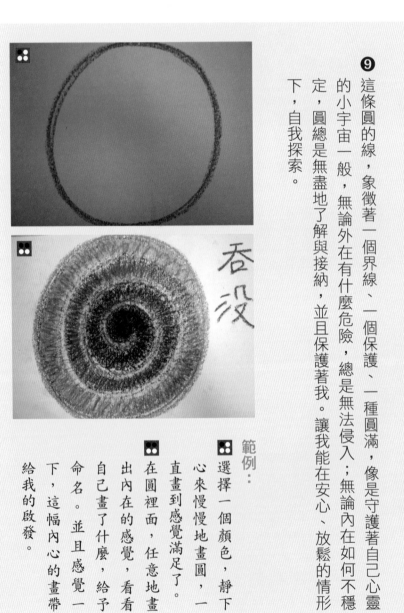

範例：

守護著心中的愛與良善，

也許能夠幫助我，

不被外界的黑暗吞沒。

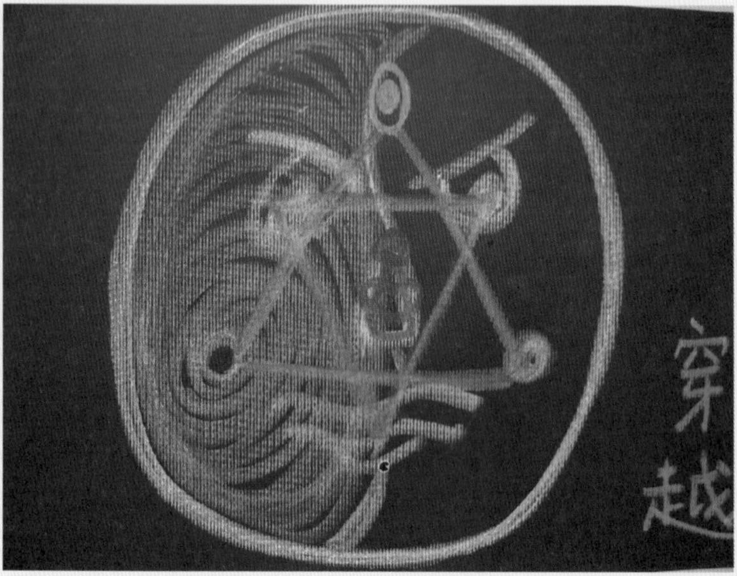

範例：

當我能夠看穿表象的虛幻，
心便不再執著、恐懼。
讓心自由吧！

註❶：

藝術治療運用於抒發情緒、自我探索方面，是一種很好的方法。由於它可以自由發揮，運用塗抹、覆蓋、修改等許多方式，將情緒與期待在媒材上展現出來，這個創作的過程，也會帶來滿足感、成就感與存在感，也給予自己覺察深層自我的機會。

註❷：

在情緒抒發的過程中，如果感覺釋放太多、太快，不易控制，可以停下來，將注意力輕輕地轉移到身體的感受。

從頭部開始往下，經由身體，依序地掃瞄到腳，掃瞄時，無論身體特定部位的感受如何，都只做覺察，不做評判，一個部位覺察固定時間之後，便移向下一個部位，重複從頭到腳「無分別身體掃描」的動作，慢慢地，情緒即能平復下來。

如果曾經發生類似情形，我便覺察到情緒釋放的問題，看看這個狀況，是否也曾在生活中其他情境困擾著我，我又是怎麼處理的呢？如此，對自己又多了一層了解。

註❸：

不同媒材有不同的特性：

❶粉蠟筆：情緒發洩時適用；稍可覆蓋；亦可全部塗抹後，再以牙籤刮畫，有不同感受。

❷壓克力顏料：情緒發洩時適用；只沾一點點水，易乾，可覆蓋，可以不斷修改；色彩豐富。

❸水彩或廣告顏料：情緒抒發、想讓情緒有流動感時適用，可自由揮灑。

❹色鉛筆：色彩溫和柔軟，使用方便。靜心時適用，可在市面上選購色鉛筆著色本，在心情擾動時著色靜心。也可以用於一般描繪「心情日記」的記錄。

方法三．砂畫

材料：鹽、軟性粉彩條（替代彩砂）、圓盤、刀片

作法：

❶先將鹽倒在圓盤上，讓鹽灑平。

❷直覺性地選擇一種與現在狀態相應顏色的粉彩條，以刀片從粉彩條旁，刮下彩粉，在鹽上作畫。

❸做完畫後，觀察自己畫了什麼，並且給予命名。

❹可以用自己的方式（如：用手指，或搖動圓盤），將畫解構，並且觀察畫的變化。

❺感覺一下此時的心情感受，我看到什麼？

❻拿一個乾淨的袋子，將鹽與粉彩倒入袋中，看看空的圓盤，體驗一下現在的感受，我看到什麼？

❼拿到與大自然連接的地方（如：河流、海、樹下）倒掉，讓它回歸大自然。

❽做砂畫，用了我許多精力與時間，不僅展現了我內在心靈，且美麗的色彩讓自己既放鬆、又有成就感。

然而，它卻是這麼脆弱，這麼無常，這麼容易變動與毀滅，一點也無法執取，就好像我的人生一樣。

不過，看著倒掉粉彩後的圓盤，又有一種寧靜的感動，彷彿不管此世是好是壞，自己的本質總是清淨的。

這真是一種深刻的平安與祝福啊！

準備盤子、鹽、粉彩條、刮板。

將鹽平鋪在盤子裡。

■以刮板刮粉彩條在鹽上作畫。

完成畫後，看看自己畫了什麼，然後命名，而後，放下命名與概念。可覺察一下此時的感受，或靜心一下。

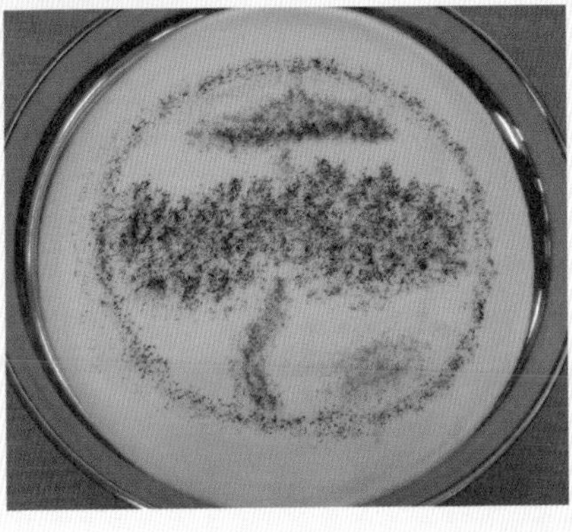

可用自己的方式（自由或儀式性），將砂畫解構。可覺察一下此時的感受，或靜心一下。

將砂畫倒入乾淨的塑膠袋或容器中。

看著空盤與塑膠袋中的剛解構的砂，可覺察一下此時的感受，或靜心一下。

看著空盤、新的鹽、粉彩條與刮板，又有哪些感受呢？

參・當自己的觀眾

人生如夢！

我是觀察者！觀察者是誰？

我看著周圍的景象。
我聽著周遭的聲音。
我感覺著身體的感受。
我體驗著心中各種不同的情緒。
我覺察著內心各種不同的想法。

我看得到周圍的景象，因為周圍的景象不是我，
我只是個觀察者。
我聽得到周遭的聲音，因為周遭的聲音不是我，
我只是個觀察者。
我感覺得到身體的感受，因為身體的感受不是我，
我只是個觀察者。

我體驗得到心中各種不同的情緒，因為情緒不是我，
我只是個觀察者。
我覺察得到內心各種不同的想法，因為想法不是我，
我只是個觀察者。

我像是天空一樣，沒有批判、沒有好惡地，
靜靜地觀看著想法的雲朵、情緒的雲朵、身體感受的雲朵，
看著它們自由來、自由去。

隨著觀看，我成為生命的主人，
不被想法、情緒或身體的感受所支配。

如果，我只是觀察者，
那麼，要如何分辨哪些想法與情緒是需要反應的呢？
就是當下吧！只要我全然地活在當下，就明瞭了！

如果我是觀察者，那麼，觀察者又是誰呢？

靜觀內心

給自己一個片刻，找一個安靜的地方，放鬆、舒服地坐下來。

慢慢地把注意力收回到自己身上。

將注意力單純地、輕輕地放在呼氣上，或是輕鬆地觀察浮現出來的念頭。

只是靜靜地坐著，輕輕地觀察，看看念頭、情緒、身體感受的變化。

我發現，我的念頭、情緒、身體感受，好像天空中的雲朵一般，變來變去，沒有想像中的真實、穩定。
發現這一點，讓我覺得輕鬆多了。

在生活中，當我有一些念頭、情緒、身體感受升起時，我也慢慢地能夠不那麼衝動，能夠停一下，觀察它們的變化，減少被它們操縱的機會。

慢慢地，我也能讓表面紛亂的念頭、情緒或感受，自由來，自由去，自己也更加平靜、自在了。

內在空間與活在當下

當我常常靜靜地觀察自己內心的念頭、情緒與身體的感受，
我發現內在似乎產生了一個更加寬廣的空間。

我慢慢地能在念頭或情緒生起時，更容易看到他們，不去認同他們，
反而能夠成為念頭或情緒的主人。

當我能與念頭、情緒有些距離時，我發現，
情緒猶如火般，雖然炙熱，總有時限，會隨著時間而減弱、消逝；
某些想法猶如木材、油料，會讓情緒之火持續燃燒，甚至死灰復燃。
所以，想法才是問題，才是驅使讓我受苦的原因。

如果情緒只是一種能量，只會延續一段時間，並且可以被想法影響，
那麼我就不需要害怕情緒。也許我還可以學習善用情緒。

當我的情緒起伏時，常常是讓我高興、生氣、害怕、猶豫等時候，
也可能會讓我的身體感覺不舒服（肩膀緊繃、胸悶、心悸、呼吸短促、頭暈、頭痛、腸胃不適、手抖、冒汗等），
這些狀況讓我注意到外在情境與內心想法，
情緒彷彿是我的覺性鈴鐺，提醒我，看見自己、回到自己身上。

如同情緒變動不定一般，
我的想法也是隨著時間與外境的流轉而不斷地變化，
同一件事情前前後後總有好多不同的想法，
到底哪個想法才是我的想法呢？

當我把注意力想著過去或未來時，後悔或期待，影響著我的想法，
卻什麼事也做不了。

當我全然地活在當下的狀態，自然地思考運作，

隨著現況而處理，一切似乎變得簡單而容易多了。
當我愈能活在當下，我的情緒也變得穩定多了，
我反而更能自在地體驗生活中不同的感受。

看見一切都在變化

我發現，自己總有個追求「永恆」、「不變」、「主宰」的習性，希望一勞永逸，希望擁有「永遠幸福、快樂、健康」的日子，

然而，現實生活的真相，卻不是如此！

我的想法、情緒總是常常在改變，原先以為對的想法，在一些狀況出現後，也許又變成錯的！

我的身體也一樣在變動著，即使我很努力地養生、運動，卻仍然持續老化、無法避免生病。

我所追求、期待的目標，在現實生活中，是否根本是個不可能的任務？

現實生活裡，包括自己的身體、想法與情緒，似乎一切都在變化，都無法完

全掌握，也無法執著。

也許，變化、無常，真的是世間的真相。

好奇妙，無常雖然覺得辛苦，卻總是有改變的機會，而我也能在自己這部分努力，反而讓我感到輕鬆、有能力些。

無法執著，反而讓我更容易放下。

練習放下：行走

我發現，在與自己有關的事情、或擔心家人時，我會抓得很緊，無法放下。然而，這種煩擾的情形，似乎對問題並沒有什麼幫助，反而只是讓自己身心疲累、受苦，影響與親友、同事間的人際互動而已。

也許，時間可以幫助問題的處理。

我也可以看看：

這件事對我正、反面的影響，對我有什麼意義。

我希望，自己可以慢慢放下它。

證嚴上人常說：「前腳走，後腳放」。我可以利用這句話的啟示，在行走時，感受一下：

如果我無法放下，所產生無法移動、寸步難行的感覺。如果能一步一步前進、自在行走時，那種放下的感覺。讓走路成為提醒我承擔與放下的練習吧。

放下與提起

當我慢慢地能靜觀內心的變化，我發現，內心的情緒比較不會干擾我。

當我看到接納無常，想到「死亡終會來臨，外在的一切終會消散」時，我比較能夠不執著，並且珍惜當下。

隨著觀心與放下的練習，我漸漸地能夠分辨自己對於某些事物的看法，是我內心的投射，並不是事物的原貌。

漸漸地，我注意地收回自己的投射，事物的樣貌似乎更清晰了，而我的心卻也更穩定。

我慢慢地能夠與生活的各種狀態（包括過去認為的苦難）共存。

過去的苦難，讓我得以了解別人痛苦的感受，更容易與他們內心產生共鳴，幫助我與人連結。

如果在相續的生命裡，我好不容易才得到這珍貴的人身，我想要如何運用這一期生命的身體，來利益自己並且利益別人呢？

推薦閱讀

(1) Murray Stein著，朱侃如譯。《榮格心靈地圖》。
台北縣新店市：立緒文化，1999。

(2) Robert H. Hopcke著，蔣韜譯。《導讀榮格》。
台北縣新店市：立緒文化，1997。

(3) Diane K. Osbon編，朱侃如譯。《坎柏生活美學》。
台北縣新店市：立緒文化，1997。

(4) Tara Brach著，江翰雯譯。《全然接納這樣的我》。
台北市：橡樹林文化，2006。

(5) Carl S. Pearson著，徐慎恕等譯。《內在英雄》。
台北縣新店市：立緒文化，2000。

(6) 圖敦 梭巴仁波切著，釋妙喜譯。《究竟康復的療法》。
台北市：琉璃光，2004。

(7) 詠給 明就仁波切著，江翰雯譯。《世界上最快樂的人》。
台北市：橡實文化，2008。

(8) Neale Donald Walsch著，王季慶譯。《荷光者》。
台北市：方智，2003。

(9) 艾克哈特 托勒著，梁永安譯。《當下的力量》。
台北市：橡實文化，2008。

(10) 艾克哈特 托勒著，張德芬譯。《修練當下的力量》。
台北市：方智，2009。

(11) Paul Ferrini著，周玲瑩譯。《寬恕十二招：尋回真愛的秘訣》。
台北市：奇蹟資訊中心，2001。

(12) Molly Young Brown著，伍育英譯。《我的生命成長樹》。
台北市：張老師，2000。

(13) Maxine Schnall著，徐憑譯。《殺不死我的，使我更堅強》。
台北市：張老師，2003。

(14) 張德聰著。《張德聰的自助舒壓手冊（上）》。
台北市：張老師，2008。

(15) 呂素貞著。《超越語言的力量：藝術治療在安寧病房的故事》。
台北市：張老師，2005。

(16) Susanne F. Fincher著，游琬娟譯。《曼陀羅小宇宙》。
台北市：生命潛能文化，2008。

(17) 侯俊明著。《鏡之戒：一個藝術家376天的曼陀羅日記》。
台北市：心靈工坊，2007。

(18) 盛正德著。《以畫療傷：一位藝術家的憂鬱之旅》。
台北市：心靈工坊，2002。

悅讀健康系列 55

放慢・放鬆・放下

｜看見自己 ｜接納自己 ｜疼愛自己

作　　者　鄭存琪
插　　畫　吳珍松、黎人瑋
繪　　圖　林碧華、鄭存琪
CD 音 樂　張明錄
CD 混 音　江柏緯
出版策畫　林幸惠
企畫編輯　羅月美
協　　力　謝明錦、賴廷翰、簡伶潔

企畫選書　林小鈴
主　　編　潘玉女
業務副理　羅越華
行銷主任　高嘉吟
行銷副理　王維君
總 編 輯　林小鈴
發 行 人　何飛鵬

出　　版　**原水文化**
台北市民生東路二段141號8樓
電話：（02）2500-7008　　傳真：（02）2502-7676
E-mail：H2O@cite.com.tw　　部落格:http://citeh2o.pixnet.net/blog/

靜思人文志業股份有限公司
台北市忠孝東路三段217巷7弄19號
電話：（02）2898-9888　　傳真：（02）2898-9889
網址：http://www.jingsi.com.tw
郵政劃撥帳號：06677883　互愛人文志業股份有限公司

發　　行　英屬蓋曼群島商家庭傳媒股份有限公司城邦分公司
台北市中山區民生東路二段141號11樓
書虫客服服務專線：02-25007718；25007719
24小時傳真專線：02-25001990；25001991
服務時間：週一至週五上午09:30～12:00；下午13:30～17:00
讀者服務信箱：service@readingclub.com.tw
劃撥帳號19863813；戶名：書虫股份有限公司

香港發行　城邦（香港）出版集團有限公司
香港灣仔駱克道193號東超商業中心1樓
電話：(852)2508-6231　　傳真：(852)2578-9337
電郵：hkcite@biznetvigator.com

馬新發行　城邦（馬新）出版集團
Cit (M) Sdn. Bhd.
41, Jalan Radin Anum, Bandar Baru Sri Petaling,
57000 Kuala Lumpur, Malaysia.
電話：(603) 90578822　　傳真：(603) 90576622

美術設計　許瑞玲
製版印刷　卡樂彩色製版印刷有限公司
初版一刷　2009年9月8日
初版35刷　2019年10月18日
定　　價　275 元

ISBN: 978-986-6379-05-5

城邦讀書花園
www.cite.com.tw

Printed in Taiwan

國家圖書館出版品預行編目資料

放慢. 放鬆. 放下：看見自己 接納自己 疼愛自己/ 鄭存琪著. -- 初版. -- 臺北市：原水文化, 靜思人文出版：家庭傳媒城邦分公司發行, 2009.09

面； 公分. -- (悅讀健康系列；55)

ISBN 978-986-6379-05-5(平裝附光碟片)

1. 抗壓 2. 壓力 3. 生活指導

176.54 98011763